日本人のための英語学習法

松井力也

講談社学術文庫

まえがき

一九九一年のソ連崩壊後、グローバリズムの急速な進行の中で、英語は国際コミュニケーションにおける世界共通語としての存在感を次第に高め、国内においても日本人と英語の関係が盛んに議論されるようになりました。「日本人の英語力はこのままではまずい」「英語下手は国益を損なう」といった論調が支配的な中、九〇年代後半頃には、世間は「英語病」「英会話症候群」といった言葉で皮肉られるほどの英語ブームに沸き立ちました。至る所で英語教育の見直しを迫る主張が繰り返され、書店には「日本人の英語はここがダメ」といった調子のハウトゥ本が並び、駅前の英会話教室がたいへん繁盛していました。

しかし、元来、第二言語の習得というのは、たいへん手間のかかるものです。いくらメソッドに工夫を凝らしても、二歳児が爆発的な勢いで母語を習得していくようには、第二言語は習得できません。

とりわけ日本人にとって、英語は非常に相性の悪い言語です。ドイツ語話者が英語語順も違えば、名前や住所の示し方も逆、普段全く発音したことのない多様な音声ばかりを使う、きわめて習得しづらい言語が英語です。

「英語を話せるようになりたい」と言う人は多いですし、いったいどの程度話せるようになりたいのか、そこでイメージされているレベルもさまざまでしょうけれども、結果的に挫折する人があまりに多いのは、その相性の悪さ、たいへんさを事前によくわかっていないからではないかと思います。

英語を聞き流すだけで……とか、毎日たった○○分で……とかいった魅力的な惹句で宣伝する教材は相変わらずいくらでもありますし、いくらでもあるということはそれなりに需要があるということなのでしょうが、残念ながら私はそのような方法で英語を習得したという人にいまだに会ったことがありません。「楽をして」「簡単に」第二言語を習得する方法なんてありません。あればとっくに理論化されて共有されているはずです。ないからこそ、あれがいい、これがいいと喧伝されるわけで、英語の習得に関して誠実な解説書は、必ず真面目で地道な努力を奨励しているはずです。「詰め込み教育」というのは、ネガティヴに使われることの多い表現ですが、語学においては、特にその初期の段階で単語や文法を「詰め込む」時期がかなり長く必要です。

そうした退屈な（？）作業に対する耐性が語学への向き不向きであるとさえ言ってよいのではないかと思うほどです。

学校英語においても、ここ三十年ほどにわたって、日本人の「コミュニケーション能力」の不足が取り立てて問題視されてきました。読み書きはできるけれども、聞いたり話したりができない。そうした反省から、従来の文法・訳読を中心とした授業が見直されるようになり、「『英語が使える日本人』の育成」を合い言葉に、学習指導要領もめまぐるしく改訂を重ねてきました。高校英語においてもその流れは顕著で、一九八二年の「英文法」の検定教科書の廃止に始まり、二〇一三年度からはついに科目名そのものが「コミュニケーション英語」になっています。

「文法は嫌い。とにかく話せるようになりたい」と言う生徒はよくいます。「文法と訳読ばかりで、ちっとも聞けない、話せない」という日本の英語教育への批判は、いまだに繰り返されています。

しかし、こうした言い方は、少し問題の捉え方を間違っていると言わざるを得ません。確かに、「読む」「書く」「聞く」「話す」という語学の四技能は、バランスよく身につけるのが理想です。それはたとえるならば、「打つ」「守る」「走る」の三拍子そろってはじめて優秀な野球選手になれるのに似ています。しかし、単語や文法は、そもそもそれ以前の「基礎体力」です。

野球で打ったり守ったりするには、その基礎となる体力や基本動作の習得が必要です。初心者は走り込みや筋トレで基礎体力をつけ、キャッチボールや素振りでボールやバットの扱いに慣れて、野球の基本動作を身につけてからでなければ実践的な練習には移れません。それと同じことが語学についても言えます。「読む」「書く」「聞く」「話す」の四技能は、英語の「実践」であり、単語と文法という基礎が身についていなければ、まともな実践はできません。覚えていない単語は何時間見つめていても読めませんし、ましてや書けません。知らない単語は百回聞いても聞き取れませんし、ましてや話せません。まずは単語を覚えなければ、「読む」「書く」「聞く」「話す」も始まりませんし、単語を覚えても、その単語の使い方、並べ方、運用の仕方を知らなければ使いようがありません。

文法ばかりで聞いたり話したりしていない、という言い方は、単語や文法といった語学の基礎体力を、「話す」「聞く」といった四技能の実践と同じ水準で語っているという点で、問題の立て方がねじれています。

もちろん、基礎練習ばかりでは、学習者は退屈します。せっかく野球部に入っても、毎日ランニングと素振りだけでは続ける意欲をなくすでしょう。しかし、キャッチボールや素振りもまともにできない、野球のルールも知らないままでは、意味のある実践練習はできません。逆に、しっかりと基礎を身につければ、実践は比較的スムーズに進みます。単語と文法をしっかり習得すれば、まず英語は読めるようになります。テキストで見ても読めない英文は、音声で聞かされても普通は理解できませんが、すでに読み解くことのできる英文を耳で聞き取れるようにするだけなら、短期間の集中的なレッスンで必ず上達します。

　四技能のバランスはもちろん大切ですが、ものには順序があります。学習初期の段階からバランスを取ろうとすることが必ずしも正解とは限りません。拙速に結果を求めると、かえって遠回りすることになります。

　語学は、基礎体力を身につけるのに、野球よりもずっと手間と時間がかかります。特に、日本語を母語とする日本人にとって、英語はたいへん難しい言語です。そうした自覚もなく、地道に長期間の努力を続ける覚悟もなしに、気軽に手を出して成果だけを求めても、不幸な結果にしかならないのは仕方のないことでしょう。

　昨今の英語を巡る状況を見るにつけ思うのは、そういったことをもう一度ちゃんと考え直すべきなのではないかということです。カリキュラムやメソッドや教材の開発も大事ですけれども、本来、英語には手間と時間がかかる。英語はそもそもとても難しいのだという認識がわたしたちには足りないような気がするのです。

さて、本書は、講談社現代新書より十六年前に刊行された『「英文法」を疑う』に加筆・修正を加えたものです。わたしたちには英語は難しい、だから中途半端な心構えでマスターできるようなものではない、ということがもっと言われるべきではないか。そう考えたのが、本書に取り組んだ動機でした。世間が英語英語とあまりにあおり立ててばかりなので、いやいやまあそんなムキにならずに、と言う者も少しはいるべきではないかと考えました。「やればできるはず」「こんなに簡単ですよ」ばかりでは、できなかった人に残るのはコンプレックスだけです。

わたしたちは、日本語の特殊性なら、誰もがなんとなくわかっています。日本語と格闘している外国人を見ると、つい「日本語は難しいでしょう」なんて言いたくなります。それなのに、自分たちの英語学習に対しては、「なんでこんなに上達しないのだろう」「自分は頭が悪いのだろうか」と首をかしげるのです。外国人にとって日本語が特殊であるのと全く同様に、わたしたちにとって英語はきわめて特殊な言語です。

中高六年間も勉強したのに……とわたしたちはよく自身を責めますが、それは中高六年間数学を勉強しても微分積分をマスターする人がごく一部に限られるのと大差ない話だと思います。数学や物理と同じように、英語だって難しい。

本書で私が目指したのは、そうした日本人にとっての英語への違和の根本を明らかにすることです。日本人にとって英語は難しい。では、何が難しいのか、なぜ難しいのか。それがわかれば、もっと効率的な取り組み方にもつながるかもしれませんし、ひょっとしたら学習理論の向上にも寄与できるかもしれません。

この十六年の間に、日本人にとっての英語の必要性というのは、もはや言わずもがなの当然の事実となりました。九〇年代後半にはまだ、本当に英語でなければならないのか、それは非英語国民にとっては言語的不平等ではないのか、といったような議論もありましたが、もはやそういう主張もあまり見かけません。周囲を見回せば、確かにそんな議論をする余裕などとてもないままに、英語を使って仕事をする人はどんどん増えています。

しかし、だからこそ、英語くらいできて当然、ではなくて、できなくて当たり前、というところから始めるべきだと思うのです。できないんだけれどもやらざるを得なくなってきた、さてどうするか。どの程度までなら可能か、どういう練習にどれくらいの時間をかけるべきか。昨今のコミュニケーション能力重視の風潮は、そうした検証が不十分なままに一人歩きしてしまっている印象を拭いきれません。自己紹介や道案内、買い物程度ができればいいのか、ビジネスの交渉やプレゼンまでこなす必要があるのか、そもそも本当に話せるようになる必要があるのか、むしろ英語でメールをやりとりしたり文書を正確に読み解いたりする力の方が重要ではないのか……。英語の必要度は常に個別具体的です。それならば、万人に有用な教育プログラムとは何なのか。

わたしたちは自分が苦手だということを意識しないままに、苦手なことに取り組んでいるように思うのです。それならば、どこがどのように苦手なのか、要するに英語のどのへんがわたしたちにはわかりにくいのか。そうしたことをちゃんと考えてみることは、決して無駄ではないと思います。

どうしてこんなにも英語が身につかないのか。わたしたちがなんとなく漠然と感じているこの英語への違和感の原因を考えたい。そうした本書のねらいは、今なお、いや、今だからこそさらに意味があるのではないかと思っています。

目次

日本人のための英語学習法

日本人のための英語学習法

第1章　英語と日本語は相性が悪い

1――「英語が苦手」で当たり前

日本語と英語の相性

例えば、次のような例文。

"What do you do?"　"I teach."

これを自然な日本語に訳すならば、通常は、「お仕事は何ですか」「教師です」といったところでしょう。ところが、英語を習い始めたばかりの中学生には、これが納得できません。よく見られる答案は、こんな具合です。

「あなたは何をしますか」「私は教えます」

その結果、彼らは見事に落第点をもらってしまうことになります。もちろん、What do yo do? は文脈によっては「あなたは何をしますか」で全く構わないし、I teach. が「私は教えます」でいいことだってあるはずです。と言うか、生徒が教えられた単語や文法に忠実であればあるほどそうなるのです。それなのに、明らかに職業について話し合っているこの対話においては、そうした直訳は間違いであると言わざるを得ません。

What do you do? は「あなたは何をしますか」でもよいはずなのに、それがなぜこの場合に限っては通用しないのか。こうした生徒の言い分は、ある意味で全く正当です。これを「お仕事は何ですか」にまで飛躍させるためには、教師は教科書の文法とはまた別の論理を持ち出さなければならないのです。

その典型的なものはおそらく次のような二通りでしょう。

①この現在形の動詞 do は、たった今現在何かを「する」のではなく、普段から恒常的に、例えば職業として「している」という意味を表している。同様に teach

も、たった今「教える」のではなく、日常的に「教えている」、つまり自動詞として「教師である」という意味を表す。辞書で確認してみなさい。

②日本語と違い、英語では、職業について話す場合にこういう言い方をする。決まり文句なのだ。丸暗記しなさい。

あくまでも論理的なステップを踏むというスジからいくなら、①の方が正しいのかもしれません。でもこれでは論理というにはあまりにも煩雑です。こういったまわりくどい説明を始めるともうきりがなく、日本の英語教育はかようにして、当然のごとく文法地獄へと陥っていくのです。ここでは早くも手段であるはずの文法自体が目的と化していく兆候が感じられます。第一、こんなややこしい理屈にすんなりついてこられる生徒はごく一部でしょう。

かと言って、②は論理性の放棄です。確かにこの方が一時的な理解はしやすいかもしれないし、外国語の習得とはそういうものだと言ってしまえばそれまでですが、こうした非論理が頻繁に介入するようでは、文法自体に意味がなくなってしまいます。

いずれにせよ、このようにわたしたちは、きわめて煩雑な論理で、または、きわめて曖昧なやり方で英語を覚えていかざるを得ません。和訳、英訳という作業には、どうにもすっきりしない面倒な説明が常について回ります。

日本の中高生は、体系的に構築された文法理論を軸に、きわめて論理的に英語を学習していく……ように見えます。しかし現実には、まるで丸いものを四角い箱に詰め込むように、乱暴なやり方で無理矢理頭の中にねじ込んでいかなければならないような局面が、英語学習のごくごく初期の段階から発生しているのです。わたしたちはいざとなるといつも、まあいいや的にその文法上の論理的手順を無理矢理踏み越えざるを得ません。生徒の英語離れは、ほとんどがその瞬間に発生するのではないかと思うのです。

日本人の英語力のまずさはもう何十年も前から問題視されてきています。そしてその責任の所在についても、受験社会が悪い、教師の力量が足りない、いや教育制度やカリキュラムの問題だ……とさまざまな議論がある中、いろいろな改革が試みられてきました。学習指導要領は目まぐるしく改訂を重ねていますし、学習教材や辞書の進化にも目覚ましいものがあります。英語の学習環境は日進月歩で進化しています。しかし、にもかかわらず、日本人の英語力には大きな変化が見られないどころか、中高生の習熟レベルに限って言えば、むしろ相対的にはかなり低下しているように感じられます。どうも問題は、システムや環境、教授法といった一つ一つの具体的なメソッド以前にあるような気がしてなりません。

日本人はなぜこれほどまでに英語が苦手なのか、という問いは、わたしたち教師にとってみれば、英語はなぜこんなに教えにくいのか、という問いです。どんなに試行錯誤を繰り返してみてもどうしても生徒たちにうまく理解させることのできないもどかしさは、私にとっても日常的な感覚になってしまっています。このもどかしさは、いったい何が原因なのか。

ありていに言ってしまえば、そもそも日本語と英語というのは、もうどうしようもないくらいに「相性」が悪いのではないかと思うのです。別に開き直っているわけではありません。結局、わたしたちは、どうやってみても、すっきりとした形で英語を日本語に訳すことはできません。What do yo do? が「お仕事は何ですか」にならないのは、和訳する上での技術的な問題ではなく（つまり、教授法や教師の力量などの問題ではなく）、あくまでも、日本語と英語それぞれの言語としての本質的な差異の問題なのであって、言ってしまえば、英語を日本語に、日本語を英語に変換するための論理など、どんな形でも存在しないということなのです。

異言語を習得するということ

外国語を習得しようとする場合、わたしたちは、どうしても母語を最初の唯一の手がかりとせざるを得ません。つまり、apple→リンゴ、beautiful→美しい、run→走る、といった具合に、単語一つ一つを母語に対応させて理解せざるを得ない。そのこと自体は、他に方法がないのだから、仕方ありません。しかし、現実には、この時点ですでに大きな矛盾をはらんでいます。

人間は、言語を獲得する前から、あらかじめ普遍的な世界観を持って生まれてくるわけではありません。全人類が生まれながらに頭の中に共通した普遍的なイメージを持ち、そのラベルを貼り替えるように、日本語から英語、英語から日本語へとすんなり変換できる、というのなら話は簡単でしょう。そうはいかないからこそ第二言語の習得にはたいへんな苦労が伴います。

それぞれの言語間の相違とは、言語が目の前の世界を切り取る、その切り取り方の相違であり、外国語習得の困難さとは、その言語の世界認識のパターンになじむことの困難さです。

人は言語によって認識し、思考します。言語なしでは、人はあらゆる対象を認識として定着できないし、思考を進めることもできません。従って、わたしたちの認識や思考のパターンは、わたしたちが用いる言語によって厳しく制限を受けています。日本語を母語とする日本人は、日本語が捉える世界像を出発点とせざるを得ません。そして、そこから英語の世界を正確に把握するには、いったん日本語の世界を解体するというたいへんな作業を強いられるのです。

日本語と英語のズレを、身近な例で具体的に見てみましょう。

例えば、英語⇅日本語の、逐語訳的な理解法から生じるズレを明快に示す例としてよく挙げられる語に、water があります。わたしたちは通常、これを何の躊躇《ちゅうちょ》もなく「水」と訳しますが、それが同時に「お湯」でもあると知ると、少なからず違和感を覚えます。実際に英語で水ではなく「お湯」を指示する場合は、hot water とか warm water、tepid water といった言い方をすると思いますが、これらは表現上、「お湯」ではなく「熱い水」「あたたかい水」「なまぬるい水」でしかありません。わたしたちにとって、水と湯は名称が違うがゆえに基本的に別のものと感じられますが、英語話者にとっては温度の異なる water でしかないわけですから、彼らにとっての水と湯の違いは、日本語話者の意識にあるそれとはずいぶん異なっていると想像されます。鈴木孝夫氏の『ことばと文化』（岩波新書）では、さらにマレー語の ayĕr という語が紹介されていますが、これなどは湯と水だけではなく氷までをもその指示内容として含むのだそうです。考えてみれば、水も湯も氷も分子構造の上ではH_2Oであることに変わりはないわけですから、マレー語話者や英語話者の見方は日本人よりも客観的、科学的と言えるかもしれません。このように、同じものを見ていても、言語によってその世界に与える意味の区切り方はいちいち異なるわけです。

また、わたしたちは「米」をその発育や調理の段階ごとに「稲」「もみ」「米」「ごはん」等と細かく呼び分けますが、これらを英語に置き換えると全て rice になります。逆に、日本人は「麦」をあまり区別しませんが、英語では大麦 barley、小麦 wheat に始まってライ麦 rye、カラス麦 oats 等を全く別の語として細かく呼び分けます。つまり、英語に「麦」などという大雑把な語は存在しないということになります。このように、文化の違いもまた語彙そのものや、世界の切り取り方、区切り方に大きな影響を与えます。

さらに、communication や identity というような語は、そのまま「コミュニケーション」「アイデンティティ」とするしか、ほとんど該当する適当な日本語が見つかりませんが、それはそうした語が、本来、日本人の発想には全くない未知の概念であるからに他なりません。それはちょうど、「寿司」や「豆腐」や「カラオケ」が、そのまま、sushi、tofu、karaoke として英語に組み入れられているのと同じです。ちなみに、日本語の「コミュニケーション」と英語の communication では指示内容にかなりの誤差があるし、日本語の「アイデンティティ」が何かやたらと高級な概念のように扱われているのに対し、英語の identity はわりと日常的なボキャブラリーです。アメリカ人は tofu にハチミツをかけて食べたりするそうですから、お互いかなり手前勝手に理解していると言えそうです。そもそも自分たちにないものは翻訳のしようがありません。

さらにもう少し例を挙げてみましょう。

例えばわたしたちは普通、furniture という語を「家具」と訳しますが、実はそれが集合名詞であり、不可算名詞の扱いを受けて、×a furniture、×furnitures とはできないと言われると、どうも感覚的にすんなりと納得できなくなります。furniture は「家具類」全般を表す語であるとよく説明されますが、語源は furnish「備えつける」と同じで、「備えつけられているもの」を表す語です。家はカラッポの状態では住めなくて、ベッドやテーブル、食器棚やカーテンなんかを「備えつける」必要がありますが、そうしたもの全般をひとまとめに指示するのが furniture です。電柱や街灯、ポストなどの公共物を street furniture と言ったりすることからも、そうした「機能上の必要から備えつけられているもの」といったイメージはなんとなく理解できるのではないかと思います。そのような「備えつけ」の中には作りつけられて家と一体になっている場合もあるでしょうし、一つ一つを切り分けて数えるような対象としては見られていないのでしょう。日本語なら、目の前にあるベッドを指して「これは家具だ」と言えますが、英語では「これは家に備えつけられているもの全体の一部(a piece of furniture)だ」となります。ということは、わたしたちの持っている「家具」という概念と、英語話者の持つfurnitureという概念とでは、その対象の捉え方、見つめ方自体に非常なズレがあると考えなければなりません。

fishやsheepはなぜ単数でも複数でも同じ形なのか、わたしたちにはよくわかりません。shoes、gloves、trousers、scissors等、対《つい》になった二つの部分からなる物が常に複数形で表されるのも、わたしたちにとっては奇妙なものの見方です。

英語で思考できるか

以上のように、言葉の違いは、単に対象に与える名称の違いではなく、多かれ少なかれ、それぞれが異なった内容を指示しています。万人にとって普遍的、客観的な対象を、それぞれの言葉によって表現するのではなく、言葉が対象を作り出しているのです。

ですから、異なった言語共同体においては、対象の捉え方それ自体、対象に与えるイメージそのものが異なります。ある一つの言語の共同体には、その言語によって生み出されるそこに固有の世界認識があり、そうした意味においては、言語の数だけ異なった世界観がある。言語を共有するということは、一つの世界をも共有するということであって、それは、異言語との間では共有不能なのです。waterを「水」と訳した瞬間、すでにそこは大きな世界観のねじれが生じています。

そういう意味において、英語と日本語は、もう致命的なまでに相性が悪いように思うのです。

努力さえすれば、生徒たちにWhat do you do? を「お仕事は何ですか」と訳させることはできます。しかし、英語のネイティヴがWhat do you do? と言うとき、彼らはその状況を頭の中でどのように捉えているのか、そのイメージと発想法を理解するのは、きわめて困難です。What do you do? は「お仕事は何ですか」とイコールではありません。それは単に、日本人なら「お仕事は何ですか」と言うであろう状況において、英語ネイティヴはWhat do you do? と言うことが多い、というだけのことです。厳密に言えば、What do you do? は「お仕事は何ですか」ですらありません。What do you do? を「お仕事は何ですか」と訳さなければならない、そのこと自体が、言わば間に合わせのようなものでしかないわけです。

真に英語を理解するということが、単に数千、数万の単語を覚え文法をマスターするということではなくて、英語ネイティヴたちの頭の中にある、英語によって切り取られた世界の成り立ちとそのイメージを捉えるということであるとしたら、それはわたしたち日本人にとっては非常に困難なことと思えます。そもそも、日本語を母語として育った日本人が、英語に基づいた発想で世界を認識し、英語によって思考するようになるなどということは、現実的には起こり得ないのかもしれません。

もちろん、そんなに話をややこしくしなくても日本語話者にだって英語の達人はいくらでもいるじゃないか、ということも言えます。そこまで誰も要求していない、そこそこ英語が使えるようになれば十分だ、というのももっともです。しかし一方で、中学校の段階で、いや今どきはもしかすると小学校の段階ですでに英語になじむことができずに挫折してしまう生徒が大量に発生するのも事実です。それは、いくら教材が発達し、新しい教授法が開発されても、いくら教育システムを改善しても、そもそも日本語を母語として形成された日本人の世界認識が、英語という言語自体に拒絶反応を示すからではないかという気がしてなりません。

だからこそ、せめてこの日本語と英語の相性の悪さというのがいったい何なのかというのをじっくり考えてみたいのです。日本人にとって英語という言語がいかに異質であるか、いかに奇妙なものであるかを考えてみたい。そうすることによって初めて英語との正しいつきあい方も見えてくるのだと思うのです。

語のイメージを捉えるということ

「英語をいちいち日本語に置き換えるのではなく、英語は英語のまま理解するようにしなさい」「単語の核になるイメージをつかむことが大切です」

英語教師はよくこのようなことを言います。私も言います。実際、それは非常に大切なことであり、また有効であるとも思います。

英語を英語のまま、イメージで語の意味を捉えるというのはどういうことなのか、簡単に説明してみましょう。

例えば、今手元にある『オーレックス英和辞典』（旺文社）で take という単語をひいてみます。するとそこには、「連れて行く」「導く」「必要とする」「取る」……等々、実に他動詞としての訳例が三九、自動詞として七、さらには名詞として五と、あわせて五一もの訳例に分類されています。もちろんこれは極端な例ですが、辞書を見れば、少なくとも日常的な語彙の中には、一つしか訳語のない単語などほとんどないはずです。

言うまでもなく、これは「takeには五〇以上の意味がある」ということではなく、「takeは日本語に翻訳する場合、おおざっぱに見て五〇くらいの訳例が考えられる」ということでしかありません。ネイティヴにとってtakeという語は、あくまでもtakeなのです。

逆に、日本語の「取る」という言葉を例にとって考えてみてください。「棚から本を取る」「一等賞を取る」「庭の草を取る」「塩を取ってくれ」……等、全て日本語では同じ「取る」ですが、これを英語に置き換えるなら、同じ内容を表すのに、take、win、weed、pass……等、それぞれ異なった動詞を用いることになります。つまり、英語のネイティヴたちにとって、日本語の「取る」は多数の訳語を持つ難しい語ということになります。

もちろん、わたしたち日本人にとって「取る」はあくまでも「取る」という一つの固有のイメージを持った語でしかなく、そこに何十もの意味があるなどと認識しているわけではありません。もっと言うと、外国人に「取る」とはどういう意味かと質問されたとき、わたしたちの頭に浮かぶのは、整然と分化されて箇条書きになった多くの用例ではなく、一つの漠然とした曖昧なイメージであるはずです。そしてそうした事情は、英語ネイティヴにとってのtakeでも同じはずです。

わたしたちは、わたしたちが「取る」という言葉を理解している、それと同じ形でtakeを理解すべきです。一つの語に対しては原則的に一つのイメージしか与えるべきではありません。それが、「英語を英語のまま、イメージで捉える」ということの意味です。take overという表現がなぜ「引き継ぐ」や「乗っ取る」の意になるのか、しっくりとこないのなら、それはまだtakeやoverのイメージを完全に把握できていないということなのです。

最初は誰もが「take＝取る」と、日本語との対応の上で考えざるを得ませんが、takeという語が表す何かは、「取る」という言葉が表すものとはずいぶんとズレのある、全く別の何かなのであって、それは程度の差こそあれ、ただの一語の例外もなく全ての単語において言えます。

ありがたいことに、近年はこうした基本語のコアイメージをきちんと説明する辞書が増えてきましたから、辞書はかつて以上にたいへん有効な学習ツールになっています。ちなみに、先の『オーレックス英和辞典』のtakeの項には、まず最初に「中心義」として「Aを自分の領域に入れる（★Aは具体的な「人」や「物」に限らず、「時間」「労力」「事柄」など多様）」と説明されています。そして、こうやって英語のイメージを一つ一つ探っていけば、日本語と英語の間にある深い溝の存在が否応なく見えてくるのではないかと思うのです。

must が表すもの

例えば must という助動詞があります。わたしたちは普通、この must には、大きく分けて「～しなければならない」「～に違いない」の二種類の意味があると教えられ、そのように考えています。

I **must** go now.

「もう行かなければなりません」

He **must** be a doctor.

「彼は医者に違いない」

といった具合です。また、それが否定形になると、

You **must not** tell a lie.

「嘘をついてはいけません」

のように、「〜してはいけない」という「禁止」を表すことになってしまいます。そして、ややこしいことにこれは、わたしたちにとっての「〜しなければならない」の反意である「〜しなくてもよい」でもないし、「〜に違いない」の反意である「〜のはずがない」でもありません。

この時点で、わたしたちはもはやその煩雑さにうんざりしてしまうでしょう。しかも、これだけの解釈ではまだまだ不十分です。例えば、

You **must** go drinking with me sometime.

「今度一緒に飲みに行こうよ」

といった場合はどうでしょう。

これは親しい間柄などでよく用いられる表現ですが、ほとんどの生徒はこれを「あなたはいつか私と飲みに行かなければならない」という義務、命令の表現と勘違いしてしまいます。ここでまたわたしたちは「勧誘」という別の意味を must に与えなけ

ればならなくなるのです。こういったことを繰り返した結果、例えば『ロイヤル英文法』（旺文社）では、mustの用法を、「義務・強要、禁止、勧誘、主張、推量、当然・必然、遺憾の気持ち」と、実に七種もの意味に分類しています。仕方がないと言えば仕方がないのですが、これではmust一語を使いこなすだけで何日かかるかわかったものではありません。かくもわたしたちの英文法は複雑です。

原則的に、一つの語には一つのイメージしかありません。mustに関して言うならば、この語が本来的に指示する中心的なイメージは、「話者によって内的に意識される差し迫った必要性や必然性」のようなものであると思われます。もともとmustやcan、mayといった法助動詞は、現実の事象を客観的にそのまま述べるのではなく、それに話者の主観をプラスするためのものであって、一つの語に込められる「気持ち」はやはり一つです。無理に言うなら、mustは「ねばならない」という意味がもっとも近く、その一義だけで構いません。次のように考えれば、それだけでほぼ解釈できるのがわかると思います。

I must go now.

「私には今行くべき必要性、必然性がある」↓「行か**なければならない**」

He **must** be a doctor.

「彼が医者であるべき必然が、話者である私の中にはある」↓「私の考えでは、彼は医者でなければならない、そうであって当然だ」

You **must** not tell a lie.

「あなたが嘘をつくことは、話者である私にとって必要性・必然性のないこと（あるべきでないこと）である」↓「あなたは嘘をつかない状態でいなければならない」

(not tell a lie という状態が must である)

You **must** go drinking with me sometime.

「あなたが私と飲みに行くのは、私にとって必要なこと、または、ことの流れとして必然的なことである」↓「私の内的な必然性、必要性に従えば、あなたは当然、私と飲みに行くべきです（社交辞令ではなく本当に行きたいと思っています！）」

このように考えてみると、一般によく言われる must と have to の微妙なニュアンスの違い（must は内的、主観的な義務感を表し、一方 have to は外的な要因による必要性を表す）もすぐに納得がいきます。

現代英語における must には過去形もありませんから、must は「あの時、必要性があった、あの時は必然だった」などという悠長で客観的な捉え方を許容しない、たった今現在の発話主体の感情と密着した言葉です。それはあくまでも現在から未来に向かってのみ有効な、内的に差し迫って意識されている、話者のみにとっての必要性・必然性を示していると言えそうです。

これはあくまでも単語レベルで見ただけの簡単な例ですが、少なくとも、このように考えれば（かえって説明は煩雑になるのですが）、must のイメージは一つに固定できます。それが日本人にわかりにくいのは（このようにかえって煩雑な説明を必要としてしまうのは）、わたしたちにはこういった must という発想そのものがないからです。根本的に、わたしたちはそのような表現の仕方をしないし、従って、それにぴったりと該当する日本語を持っていません。助動詞 must を正確に理解するには、日本語にはない must という、わたしたちにとって未知の発想を身につける以外にないということなのです。

英語によって認識された世界のイメージをつかむため、英語によって構築された社会を覗《のぞ》くためには、まず「beautiful ＝美しい」式の解釈をいったん放棄することから始めなければなりません。英語を日本語との対照の上で把握するのではなく、また、英語を日本語の論理で解釈するのではなく、あくまでも英語ネイティヴが英語を通して見ている世界をそのまま捉えるのが理想です。そしてそれは、わたしたちにとって想像以上に困難なことだと思うのです。

water を「水」と訳した瞬間、water という語が本来持っているイメージは失われています。must を「～ねばならない」「～に違いない」と日本語に変換するのは、単なる間に合わせにすぎません。

次節からは、そうした、英語によって捉えられる世界のイメージを、このような枝葉末節の単語レベルからではなく、もっとずっと根っこの方まで立ち返って考えてみたいと思います。

2――英語のしくみ

英語は単語でできている

ところで、What do you do? という文は、なぜ Whatdoyoudo? と書けないのでしょうか。もちろん、日本語では、「お仕事　は　何　ですか」なんて書かなくても構いません。そして、Whatdoyoudo? と表記できないということは、「お仕事は何ですか」と表記できるわたしたちにとって、どういうことを意味しているのでしょうか。

一つめの問いに対する答えは簡単です。What do you do? を Whatdoyoudo? と書けないのは、英語のセンテンスが一つ一つ独立した単語からできているからです。Whatdoyoudo? と書いてしまっては、単語の切れ目がわからなくなってしまうからです。

言うまでもなく、英語を構成する文法上の最小単位は、語（word）です。そして、それは通常八つの品詞に分類されています。分類されてはいますが、名詞であろうと動詞であろうと形容詞であろうと、それぞれがはっきりとした「単語」であるということには変わりはなく、語と語の間の線引きはきわめて明快です。例えば、What do you do? というセンテンスは、What と do と you という語でできているわけです。

一方、日本語に同様の考え方を持ち込もうとすると少しややこしいことになります。当然、名詞・動詞・形容詞・副詞……という英文法の分類は日本語にはぴったりとは当てはまってくれませんし、例えば、「お仕事は何ですか」という文を文法上の最小単位に区切れ、なんていうのは、中高生のちょっとした試験問題になるほどに高級な質問です。

また、「リンゴ」や「少年」といった名詞について考えている分にはまだいいとしても、「走る」「食べる」「美しい」「さびしい」といった動詞や形容詞は「単語」と言ってしまうにはどうもおさまりの悪さを感じますし、「は」「が」「を」「に」等の助詞や「です」「だ」等の助動詞になると、どう見ても「単語」とは言いたくなくなります。

翻ってもう一度英語の文をよく見てみると、例えばWhat do you do?という文は、Whatdoyoudo?とは表記できないのですから、それぞれの語が他の語としっかり(物理的にも)距離を取って、「単語」としてはっきりと独立している。やっぱり英語のwordは、aやtheのような冠詞も、toやforのような前置詞でさえも、その品詞の別にかかわらず、いずれも立派に、歴然と、「単語」なんですね。

どうも英語というのは、いずれも品詞である以前にまず「単語」であって、わたしたちが一般に考えているほど、英語にとって品詞という概念は重要なものではないように思えます。それぞれの品詞間の移行も、ネイティヴの感覚としてはかなり自由で、実際、名詞がそのままの形で動詞化したり、形容詞が名詞化したりというようなことはいくらでもあります。「この場合のworkは名詞です」「ここで出てくるlikeは接続詞です」などという英語教師のわかりにくい説明をわたしたちはいったい何度聞いてきたことでしょう。

先日も、知人のアメリカ人が「それコピーしたよ」の意で、I xeroxed it. と言うのが耳にとまりました。固有の社名であるXerox（ゼロックス）がそのまま動詞化しているわけです。また、豊田昌倫氏の『英語表現をみがく〈動詞編〉』（講談社現代新書）では、I'm cookied out.（クッキーを食べすぎた）という例が紹介されています。なんとcookieが動詞として用いられている例です。これらは、日本人が何にでも「〜する」をくっつけて、それこそ「コピーする」とか「電話する」「お茶する」などといった具合に用言化してしまうのとは少し話が違うわけです。

とにかく英単語は、その品詞の別にかかわらず、それぞれが「単語」として、立派に、毅然として独立している。時としてどこで区切るのかさえ不明瞭になる日本語のように、それぞれの語がだらだらと連なっているのではなくて、それらは切り離された状態で、個々に間をおいて並んでいる。日本語で「学校へ行く」と言ったときの「へ」という助詞は、英語の前置詞toにほぼ相当しているようにも思えますが、to

が他の品詞と同様に他との距離を持って屹立《きつりつ》する立派な「単語」であることを思うと、日本語の「へ」はなんとも中途半端なものに見えます。

何をわかり切ったことをと思われるかもしれませんけれど、この、個々に間をおいて並んでいる、という感じは、英語の成り立ちを考える上において、意外に重要だと思うのです。

語と語をつないで文を作るのではなくて、語と語を並べて文にする。一つ一つ間を空けて、語をポン、ポンと置いていく。それが英語の sentence の作り方であり、このイメージは、後で述べるように、ある意味で英語の世界像そのものとも言えるのです。

英文の成り立ち

語をつなげるのではなく、ポン、ポン、と置いていくのですから、英語ではその置き方、つまり、並べ方がどうしても大切になります。主語↓述語動詞、という語順が厳密に決まっているのはそのためです。そうした原則を崩すと、英語は意味をなさなくなるからです。そして、わたしたち日本語話者には、そこのところがどうもよくわからない。

例えば、かつて出版されていた『ウォームアップ高校英語』（桐原書店）という高校生用の問題集には、次のような問題がありました。

例にならって、日本文と同じように、英文の「～は」にあたる部分を○で、「～します」「～です」にあたる部分を□でかこみなさい。

《例》私は ごはんを食べます。
I eat rice.

(1) ジョンは日本語を勉強します。
John studies Japanese.

(2) ピエールはフランス人です。
Piere is French.

英語と日本語の語順の違いを意識させる出題意図だと思われますが、このような問題を問題として成立させているということは、結局、日本語話者は、頭の中で英文を次のように理解しているわけです。

I　eat　rice.
↓　↓　↓
私は　食べます　ごはんを

では、英語は主語→述語動詞→目的語という語順が日本語と異なっているだけかというと、もちろんそうではありません。単に語順が違うだけなら、誰もこれほど頭を悩ませることなく簡単に英語を習得できるはずです。①②③が③②①になっているというだけなら話はもっと単純です。Iは「私は」ではないし、riceは「ごはんを」では決してありません。

日本語の「私はごはんを食べます」では、「私」という動作の主体と「ごはん」という対象、「食べる」という動作それぞれが、「は」「を」などの助詞を用いることによって結びつけられ、同時にそれらがそれぞれの語の関係を説明しています。「私に食べる」や「私で食べる」は非文であって、「私は食べる」ではじめて意味が成立するわけですから、日本語の生成は、その重要な部分を助詞に依存しています。従って、助詞の使い方に誤りがなければ語順は比較的自由であり、仮にこれを「ごはんを私は食べる」だとか、なんなら「食べるよ、ごはん、私は」などとしても、基本的な意味は伝わるわけです。

一方、英文の生成の基礎となっているのは、各語それ自体が持っている性質と、その語順です。I eat rice. には、日本語のように、動作の主体である「私」と「食べる」という行為、「ごはん」という対象それぞれの関係性を説明する助詞に相当するものがありません。英語では、Ieatrice. と表記できないのだから、やっぱりIとeat、rice それぞれの間には一定の空間があって、それぞれはなにものによっても結びつけられてはいません。それらは、ただ並置されているだけで、その関係性は、それぞれの語の位置関係によって把握されます。

例えば、She is a nurse. の疑問形は Is she a nurse? です。少し歴史をさかのぼれば、He went there. の疑問形は Went he there? でよかった。これらの文においては、文を構成する語自体には変化がなく、単にその位置関係だけで意味が変化しています。一方、日本語では仮に「食べる、私はごはんを」等と言ったところで、いくら不自然に聞こえようとも、指示内容に大きな変化はありません。

また、Iと言えば me ではないのであって、主語に決まっているのだから、英語では語の性質そのものが文の生成に関与していることにもなります。詳しくは次章で書きますが、Iとは、「私は」でも「私が」でもなく、あえて言うなら、「主語として、動作主体としての属性を与えられた私」という、それ自体で自立した一語です。古い時代の英語には、一般名詞にもこのような格変化がありました（例えばship「船」は、主格scip、属格scipes、与格scipe、対格scip、といった具合です）。

さらに、これも詳しくは後述しますが、eatとは具体的、特定的な誰かが「食べる」「食べます」という状態を指示しているのではなく、むしろ食べるという行為そのものを、一般性の中で、観念的に指示します。それはやはり、他の語との間に距離を持ち、他の語との連関を持たずに独立して認識され得る概念です。

そして、こうしたIやeat等の一つ一つのパーツを、それぞれの間に距離を置いたまま順に並置していくことによって、同格的にそれらがイコールであることを示していくのが、英語の基本的な成り立ちです。

主語と動詞を同格的に並置

イメージしにくければ、日本語を覚え始めたばかりの外国人が、たどたどしく「ワタシ、タベル、ゴハン」などと言っているような感じを想像してもらってもいいかと思います。英語はその「ワタシ」や「タベル」の位置を操作することによって意味を調節し、また、それを状況による質的な変化に応じて語形変化し、細分化することによってその意味を多様化させているのです。

つまり、日本語が同じ状況を、

私　は　ごはん　を　食べます

（「は」「を」が「私」や「ごはん」の関係を説明）

といった形で認識しているのに対し、英語は、

I　eat　rice

（ワタシ）（タベル）（ゴハン）

と並べているだけです。

日本語が、「私」や「ごはん」や「食べる」を、助詞を用いてつなぎ合わせることによって、それぞれの関係性を示しながら文を生成していくのに対し、英語は、動作の主体や行為、その対象物を個々に放り出し、その位置関係や語自体が持つ属性によって、そこに意味を発生させるのです。

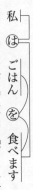

「私は↓食べる」ではなく、「ワタシ」＝（すなわち）「タベル」なのです。英語においては、あくまでもこういった同格的な並置が、その基本的な骨格をなしています。

前節の例に戻るなら、I teach. という文が「私は教師です」の意になるのは、teach という語が「教える」という意味以外に「教師である」という意味を持っているからではありません。I を teach と並置し、I（私）が teach（教えるという行為）とイコールであるということを指示することによって、自分が人にものを教える立場にある存在だということを表しているのです。「ワタシ」＝「オシエル」↓「ワタシは恒常的にオシエルということをする人間だ」なのです。

こうして考えてみると、「私は教師です」と I teach. って、結果的には同じ内容を表すとしても、その発想法と言うか、状況の見つめ方に相当な隔たりがあると思いませんか？

英語が主語を省略しない言語だというのはよく言われることですし、西欧人は自我の意識を明確に強く持っているので主語を省略しない……等と、それはしばしば「個人主義」や「確立された自我」などといった言葉と関連づけられて語られます。でも、こうして考えてみると、結果的にはそのようなことが言えるとしても、もともと英語が主語と動詞を並置することによってその動作や状態を説明する言語である以上、構造的に主語はどうしても必要なわけです。

日本語の動詞は、常に動作主と関係づけられた上でしか成立しない概念なので、たとえ主語が省略されていても、常に動作主が意識されています。日本語の世界では、動作主もいないのに動作だけが存在するわけがないと考えます。だからこそ、当然存在するに決まっている主語を省略できるのです。

ところが、英語の動詞は、動作主という前提を持たないまま認識されることの可能な、行為そのものを指示する概念なので、基本的に逐一、動作主が明示されなければ文を成さないのです。

英語の文が一つ一つの独立した単語から成っているということ、そして、単語が文を生成するとき、それらはつながっているのではなく、並んでいる、単に並置されているということ。この日本語との単純きわまりない違いこそが、わたしたちの英語理解を阻む、もっとも基本的でもっとも大きな障壁であるように思います。

第2章　名詞・代名詞がわからない

1――日本語の名詞・英語の名詞

「物」と「事」

take は「取る」とイコールではありません。must は日本語に変換不能の概念を表します。では、「apple＝リンゴ」「boy＝少年」、これならどうでしょう。この手の、歴然と目に見える名詞なら、間違いなくイコールで結んでいいのではないでしょうか……いや、やっぱり違います。よくよく眺めると、apple とリンゴ、boy と少年は、やはりそれぞれ異質な指示内容を持っているのです。

例えば、岩谷宏氏は『にっぽん再鎖国論』（ロッキング・オン社、絶版）という本の中で、この英語と日本語の名詞の指示内容の差異を、「物」と「事」という言葉で説明しています。以下、その内容に従って、英語の名詞と日本語の名詞の違いを考えていきましょう。

英語の名詞が日本語の名詞と決定的に異なっているのは、冠詞を必要とするところです。

いったいどうしてI am boy.ではいけないのでしょうか。boyはboysではないのだし、そもそも主語のIは単数に決まっているというのに、なぜわざわざaなどという単数を表す「ことわりがき」をboyの前につけなくてはいけないのでしょうか。

英語の名詞は「物」を指示します。ただし、ここで言う「物」とは、「存在物全般」を意味します。英語のboyは、存在物としての「少年というモノ」そのものずばりを即物的に指示し、a、the、sなどが付くことによって、はじめて名詞として完成するのです。

一方、日本語の名詞は、「物」ではなく、「事」を指示します。つまり、「少年」という日本語は、赤ん坊や幼児や少年がいてやがて青年や大人や老人になっていく、そうした世界全体の関係性、連続性の中で、「少年というコト」を指示しています。ですから、当然、主語が複数であっても、「私たちは少年です」でいいのであって、「少年たち」などとする必要はありません。どんなに工夫を凝らしても、英語で「少年というコト」を表すことはできないし、逆に日本語で「少年というモノ」を表すこともできないのです。

日本の生徒は、英作文をすると、わかっていてもついうっかり冠詞を忘れてしまいがちです。

× I am boy.

この誤った文をもう一度じっくり見つめてみてください。boy が名詞のような形容詞のような、何とも中途半端な語に見えてくるでしょう。

これは、少年を存在物として捉える a boy という英語的な発想を、「少年」という日本語になんとか引き寄せようとする日本人の無意識の抵抗であるように思えます。

冠詞の a というのは、数詞 one が語源です。母音で始まる名詞の前では a は an となりますが、この n の音がその名残です。つまり、英語の名詞とは、常に「一つの」「一コの」という数量をくっつけた形で認識されるような概念だということです。ただし、ここで重要だと思われるのは、それが存在物としての「数」を確認させるというよりは、むしろ「物、物体としての輪郭」を常に強く意識させる作用を持つということです。

モノをモノとして一つ、二つと数えるには、個々のモノに区切れ目、すなわち輪郭が必要です。リンゴにはリンゴの、少年には少年の輪郭があるからその数を数えられるのであって、例えば水には定まった形、輪郭がないので、そのままでは数えることができません。冠詞aは、結果的に対象物の輪郭を意識させる作用をもたらすのであり、逆に言うと、それこそが名詞にaやanをくっつけるということの意味です。

もっとも、マーク・ピーターセン氏『日本人の英語』（岩波新書）の中では、冠詞のaはアクセサリーのように名詞にくっつけるものではなく、aこそが名詞に先行してまずその意味的カテゴリーを決定し、その後に適切な名詞が選択されるのだという、たいへん示唆に富む指摘がなされています。aによって先にカテゴライズがなされるということは、まさに、英語話者の頭の中では、たとえboyという名詞が思い浮かばずとも、その前にまずモノ、存在物としての輪郭が先にイメージされていると いうことに他なりません。これは、わたしたち日本語話者にとっては、ほとんどショッキングと言っていいほどの違いではないでしょうか。

当然のことながら、世界には、固定的に不変の存在として「少年」という物体があるわけではありません。「少年」とは、時間の流れの中で常に変質していく一つの相対的な状態でしかありません。「少年」は、少女や青年、おじさん、おばあさん等々、ヒトとしてのさまざまな在り方の中の、一つの相対的な「コト」でしかないはずです。わたしたちは普通そのように考えるし、「少年」を決して「物」とは捉えません。しかし、英語のboyが「少年というモノ」を指示している以上、やはり英語話者の頭の中にあるboyという概念は、そのようなものであると仮定しなければならないことになります。a boyという語は、幼年↓少年↓青年という流れの中での一つの在り方ではなく、少年という一コの存在物の「輪郭」を捉えているのです。そして、この「モノ」か「コト」かという捉え方の差異は、英語と日本語の相性の悪さの根源となる、決定的な差異だと思うのです。

アルかナイかの世界

英語は世界を「モノ」的に捉え、日本語は「コト」的に捉えます。この視点の違いは、あらゆる局面で顔を出し、わたしたちを戸惑わせます。

例えば次に、やはり岩谷氏が指摘している否定疑問文への受け答えを例にとって考えてみましょう。日本人は、これを実によく間違えます。わかっていても、ついつい間違えます。

「朝ごはん食べなかったの？」　　Didn't you have breakfast?
「はい」　　　⇅　　　　　　　　Yes.

はい、これで見事に大間違いです。どうしてこうも見事にyesとnoがひっくり返ってしまうのでしょうか。ちょっと一度整理してみましょう。

食べたの？
→ はい。（食べた）
→ いいえ。（食べなかった）

食べなかったの？
→ はい。（食べなかった）
→ いいえ。（食べた）

Did you have breakfast?
Yes.（食べた）
No.（食べなかった）

Didn't you have breakfast?
Yes.（食べた）
No.（食べなかった）

日本語は全てを「コト」として捉えますが、英語は「モノ」として捉えます。それが「事」であれば、「ないコトもある」んですが、「物」だと「ないモノはない」。日本語なら、「食べなかったというコト」も「ある」わけですけれども、英語は、その問いの形にかかわらず、食べたのならyes、食べなかったのならnoです。ということは、つまり、yes、noは、肯定／否定を表すのではなく、アル／ナシを表しているだけだということになります。はい／いいえは、相手の言ったこと、その指示内容が正しいか正しくないかを表しますが、yes、noは、アルかナイか、有か無かを指示しているのです。

ですから、疑問文が肯定（食べた？）であろうと否定（食べなかった？）であろうと、食べたという行為がアったのならばyes、ナかったのならばnoです。つまり、今の例で言うならば、have breakfastという行為そのものさえもが、まるで「モノ」のようにアル／ナシで判断されているわけです。それが「物」であるならば、全てはアルかナイかのデジタルな二元論で語れます。

つまり、英語においては、全ての具体的な存在物が、常に「一つの」「一コの」という形で認識される「モノ」であるばかりか、あらゆる行為や現象までもが「モノ」のようにアル／ナシで判断可能な形で捉えられている、ということになります。

こうした考え方にわたしたち日本語話者がすんなりなじめないのももっともでしょう。頭ではわかっているのに、とっさの否定疑問文に対してはついついyesとnoがひっくり返ってしまうのはそのせいです。わたしたちは、こうした英語の世界観を、文法的な知識として機械的に処理することでなんとか消化しているわけですが、結局、英語話者の頭の中では、世界は全く違ったふうに捉えられているのかもしれません。日本人が英語になじむためには、まずこのデジタルな、アルかナイか、シロかクロか、一〇〇かゼロか、善か悪かという二元論的な選択の中で世界を見つめる感覚を理解する必要がありそうです。

全てが「物」であるということ

では、全てを「モノ」的に捉える英語の世界観とはどのようなものなのでしょうか。

例えば、一つのコップがあるとします。

コップという概念は、そこに注がれる水や酒があり、それを飲む人間がいてはじめて成立するものです。つまり、コップというものが存在するにはその舞台設定が必要なのであって、極端に言えば、全く世界が前提されていない真空状態の暗闇の中にコップがたった一つ浮かんでいたところで、それをコップと呼ぶ人間すら存在しない段階においては、それはまだコップにはなり得ないはずです。そういう意味において、全ての存在は相対的です。コップという物体はあらかじめ存在するものではなく、そこに注がれる水がありそれを飲む人間がいる、その関係性自体が「コップ」です。あらゆる存在物は、常に諸関係系の中の一つの「事」としてあると考えることができます。

少なくとも、日本語が「コップという物」ではなく、「コップという事」を指示する以上、日本語はそうした関係性を前提とした言語なのであり、それがわたしたちの認識を基礎づけています。全てを諸関係相の中において認識する日本人にとって、「コップ」という語は、あらかじめそれをとりまく世界が設定された上での「コップという事」を指示します。つまり、日本語は「世界」の存在を前提として始まる言語、まずはじめに全てを関係系の中に組み入れ、その関係の中で一つ一つを把握していく言語だと言えそうです。

逆に、英語のa cupが、存在物としてのコップという物体それ自体を指示するということは、無の中にコップだけをポンと存在させることが可能だということです。「コップ」を関係系の中で捉えるためには、前提として「世界」が必要ですが、単なる「モノ」「物体」であれば、そうではありません。それは時間や空間の制限を受けずに、一つの絶対性としていきなり存在することができます。そこには、注がれる水も、それを手に取る人間も前提として与えられてはいないし、必要ともされていません。あえて言うなら、それをいきなり存在せしめることが可能な超越的存在としての造物主が必要とされるくらいでしょう。英語のa cupは、水よりも人よりも前に、絶対的存在物として存在しうる「モノ」として表現されています。まず「モノ」がポツンと存在し、世界はそれを中心として、あとから形作られていくのです。

そして、全てが「モノ」的であるということは、全てがアルかナイかの二元論に還元され得るということでもあります。英語という言語が二元論的、二項対立的であるというのはよく言われていることですが、英語は、アルかナイかという二項の絶対的な対立の間で世界を捉える言語であって、日本語のように、「ないコトもある」なんていうややこしい「関係」を許容しません。否定疑問文の受け答えですでに見たように、それが「モノ」であるならば、アルかナイかのどちらかでしかあり得ないからです。そういう意味で、英語話者は、常に、アルとナイ、生と死、善と悪、創造主（神）と創造物（人間）等々、対立する二項の間、ゼロか一〇〇かという絶対的な振幅の間にいると言えるかもしれません。

英語の世界像

デカルトの有名な根本命題に、「我思う、故に我在り」というのがあります（英語では通例、I think, therefore I am. と訳されます）。この命題の解釈には諸説ありますが、無の前提の中で「我＝自己の意識」をまず唯一の認識の手がかりにしていくという一般的な解釈は、その意味できわめて英語的と言えるかもしれません。無の前提、ゼロからのスタートの中で、一つの絶対性として対象を捉えていくのが、英語の基本的な世界認識だからです。

しかし、日本語の世界に生きるわたしたちにしてみれば、そもそも「我」以外の全てにまずクエスチョンマークを付して保留にするという方法そのものがなじみにくいものであると思うわけです。

例えば、「私」と「あなた」という区別が発生するには、最低二人の人間が存在しなければなりません。「私」という概念は、「私」以外の誰かがいてはじめて認識として可能になるはずです。「私」とは絶対的な存在などでは決してなく、「私」がいて「あなた」がいて、それ以外の第三者がいる、親や祖父母がいて子や孫がいる、そうした相対性の中での関係自体が「私」であり、「あなた」であり、「彼」や「彼女」です。視点を移せば「私」は「あなた」でもあり「彼」「彼女」でもあるのだから、あらかじめ「私」という物体があるわけではありません。

ところが、全てが「モノ」的な英語の世界においては話が違います。「私」や「あなた」や「彼」や「彼女」という関係のある世界が最初からあるのではなく、世界が未確定の保留状態のまま、まず「我」が最初に確定されていく。どうやらそれが、英語の自己認識であるようです。

これとよく似たことを、大津栄一郎氏は『英語の感覚』（岩波新書）の中で、「遠心性」「求心性」という言葉を用いて説明しています。

例えば日本語では、自分の位置を表現するときにも、○○県○○市○○町○○番地と、外側から求心的に確定していきます。まず世界が前提として存在し、その大きな枠組みから求心的に自己へとたどり着くわけです。

それに対して英語は、○○番地○○通り○○市……と、見事に全く逆に表現します。最初のスタートは、世界ではなく自分自身で、そこから遠心的に外側を順に「発見」していくわけです。名前の表し方も、自身の「所属先」である姓を先に言う日本語は求心的、固有のファーストネームから始める英語は遠心的と言えます。

こうして遠心的に自己を規定していこうとすると、番地や通りの名前から始まって、果ては地球へ、宇宙へ、そして無限へと行き着くことにならざるを得ません。最終的に「無限とは何か」という哲学的難題と向き合わざるを得なかったために、彼らは神という観念を得た、と大津氏は書いています。

それに対して日本語は、まず外側から出発して自己を規定しようとするわけですが、そのいちばん最初の外側は、まさか無限から始めるわけにもいきませんから、せいぜい考えの及ぶ有限域からしか考えない。それより外側は考えない。わからないことはわからないまま放置したところから出発する。

英語の世界では、まず自己が発見され、その周りには何があるのか、そのまた外側はどうなっているのかと、遠心的に広がっていきます。そういう世界では、いかにも超越神への信仰や科学的探究心が生まれやすそうです。一方、日本語の世界は、まずはじめに豊かな世界がある、安心の世界です。山も海も川も花も木も虫も最初からいて、それらがなぜいるのか、その外側はどうなっているのか、といった見えない世界に思いを馳せずとも落ち着いていられたのが日本語話者です。どちらがどうという問題はさておき、見事な対比ではないでしょうか。住所も名前も分数の表し方も、日本語と英語は全て見事に逆さまですが、それは決して偶然ではなく、基本的な世界観の差による必然であることがわかります。

そしてこの決定的な世界観の差は、I am a boy. の「a」、この「モノ的な少年」に、端的に表現されていると思うのです。I am a boy. や This is a cup. というのは、じっくり眺めてみると、日本語話者にとっては実に奇妙な表現に感じられてきます。結局私たちは、「数えられる名詞の前にはaをつけなければならない」というルールを機械的に消化することで、その違和感を無理矢理乗り越えているのではないでしょうか。

2――代名詞に見る個の意識

日本語と人称代名詞

英語の人称代名詞には、一人称としてIやwe、二人称としてyou、三人称としてhe、she、it、theyなどがあります。言うまでもなく、一人称とは話者、二人称は対話における対象、三人称はそれ以外の存在を指示します。

このような、一人称、二人称、三人称という考え方は、英語においては実に明快ではっきりしています。Iといえばまぎれもない一人称であって、逆に言うなら、単数の一人称として用いられる代名詞は、性別や年齢、身分等の区別に関係なく、どんな場合においてもIです。このような人称代名詞の在り方は、いわゆるインド・ヨーロッパ語族においては全てに共通した特徴ですから、世界的に見れば、人称代名詞の在り方はこうした形がスタンダードであると言えそうです。

ところが、このような一人称、二人称、三人称という考え方を日本語に持ち込もうとすると、どうも不都合なことがたくさん出てきます。

英語の人称代名詞を日本語に置き換えようとした場合、まず単純に考えても、一人称I なら「私」「ぼく」「おれ」等々、二人称 you なら「あなた」「きみ」「おまえ」「きさま」等々と、いくとおりもの訳語が考えられます。それだけでも十分やっかいですが、さらにわたしたちの日常での会話を考えてみると、実際には、自分や相手などを指すのに、こうした「私」「ぼく」「あなた」「きみ」等以外の語を使うことの方が多いのではないでしょうか。特に、二人称の「あなた」「きみ」なんていう言葉は現実場面ではあまり耳にしない言葉です。たとえば友達同士であれば「渡辺」「前田」等々と名前で呼び合うのが一般的でしょうし、私の周りの同僚などはみな教師ですからお互いを「先生」と呼び合います。

つまり、英語には、一、二、三人称それぞれ一種類ずつしかない人称代名詞が、日本語にはそれぞれいくつもある、というような単純なことではどうもなさそうなんですね。

もともと、「あなた」「きみ」「おまえ」「きさま」等という言葉は非常に制約の多い不便な言葉で、いずれも自分より社会的に優位な立場にある人に向かっては使えません。「先生」「社長」「お父さん」等、相手の役職や立場をそのまま対称詞としたり、「渡辺さん」「前田さん」等々、名前を用いるのが普通でしょう。

また、日本語では、自分のことを指示する場合にも、ややこしいことがたくさん起こります。父親が息子に向かって「お父さんについてきなさい」などと言ったり、教師が生徒に対して「先生の言うことがわかりますか?」なんて言ったりします。この場合だと、「お父さん」「先生」が、まるで一人称のように使われているわけです。

このように、日本語は、一人称でないはずのものを一人称のように、二人称でないはずのものを二人称のように使うことがきわめて多く、むしろわたしたちは「私」「ぼく」「あなた」「きみ」等の一般的な人称詞をなるべく使わないようにしているとさえ思われます。

こうして考えてみると、わたしたち日本人は、実際には自分自身のことも、また対話の相手のことも、全てその場における相手との「関係」それ自体を自称詞、対称詞として用いていることがわかります。父親が自分のことを「お父さん」と呼ぶ、生徒が教師を「先生」と呼ぶ。こうした例は全て、対話の相手と自分自身の間の関係を示す語です。そして、もとを正せば、通常、一人称、二人称と錯覚されている「私」「ぼく」「あなた」「きみ」等も、対話における対象との間の位置関係を表す語です(「私」は「公」に対立する概念、「ぼく〔僕〕」は「しもべ」、「あなた」は「あちらのほう」、「きみ〔君〕」は「主君」が原義)。

ですから、「私」「ぼく」等は、便宜的に「自称詞」と呼ぶことはできても決して一人称ではないし、「あなた」「きみ」等は、「対称詞」ではあっても二人称とは言えないのであって、英語のIやyouとは根本的に全く性質の異なる語であると言わざるを得ません(幼い子供に向かって「ねえ、ぼく」なんて呼びかけたりするように、「ぼく」を二人称的に用いたりする例もあるのですから)。

ということは、日本語には、純粋に話者そのもの、対話の相手そのものを指示する言葉がない、つまり、日本語には人称代名詞はない、ということになります。

日本人の自己規定

結局、日本人は、「私」「ぼく」等を使い分けたり、自分のことを「お父さん」「先生」等と呼んだりすることで、その場の関係性における相対的な自分の位置を規定しているようです。わたしたちは、常に自身をその場の一部に組み入れ、諸関係系の一部、一要素として自己を位置づけるのです。

父親が息子に向かって自分のことを「お父さんは……」と言うとき、その人は、その時点においては息子にとって自分が父親にあたるという関係をふまえて自己を規定しています。また、よその子供に向かって「おじさんは……」と言ったなら、それは、相手から見ると自分は中年の男性であるという関係をふまえているわけです。

自分では立場的に対等だと思っている初対面の人に、いきなり「あんたは……」などと言われたらわたしたちは腹を立てますし、逆に「あなた様は……」なんて言われても恐縮します。上司が部下に対して「きみは……」と話しかけるときは、自分が相手よりも優位にあるという認識をふまえていますし、逆に生徒が教師に向かって「おまえ」などと言ったりしたら、それはそのことによって反抗の姿勢を表明しているわけです。

つまり、日本語では、自分のことを「ぼく」と言うか「私」と言うか、また「先生」と言うか「お父さん」と言うか、相手を指して「あなた」と言うか「きみ」と言うか等の選択は、その時々の相手との社会的な位置関係や場の状況、および、それに基づいた自己認識に応じてなされるということになります。それは、言い換えれば、自称詞、対称詞として用いる語の選択を、完全に対話の対象に依存しているということであって、日本人は、相手がいることによってはじめて自己を規定するということです。少なくとも人称詞の選択のレベルにおいては、わたしたちは自己規定を相手に依存しています。それが、相手によって「私」「ぼく」「きみ」「おまえ」等を使い分けるということの意味です。

そして、ここからが重要なのですが、これは、裏を返せば、わたしたち日本人は、目の前に具体的な対話の対象を持たなければ、自己を規定できないということなのではないでしょうか。日本語には、前もって恒常的、固定的に自己を規定する人称詞がなく、何らかの関係性を与えられるまで、わたしたちの自己規定は保留されているのです。

例えば、場が一切設定されていない状況で、わたしたちはいったい自分を何と呼ぶのでしょうか。例えば何もないところに自分一人しかいない世界を想定してみたとして、その時わたしたちは自分を何と呼ぶのでしょう？　何とも呼ばない、が正解だと思います。世界に自分一人しかいないのなら、他者と区別する必要がないのですから、自分を指示する言葉も必要ないはずです。

日本語では、「あなた」がいることによってはじめて「私」という自己規定が開始されるのであって、世界に「私」一人なんていう事態は想定されていません。わたしたちは目の前に息子がいるから自分を「お父さん」と呼べるし、誰かがいるから「ぼく」と言えるのです。対話の対象を持たず、何の状況も設定されていなければ、わたしたちは自身を「私」とも「ぼく」とも「お父さん」とも「おじさん」とも規定することができません。日本人にとっての自己とは、そこに何らかの関係性がない以上、意味を持たないものなのです（日本人にidentityという概念がなじみにくいのもそのせいかもしれません）。

英語の人称詞

一方、英語の人称詞においては、対話の相手とのこのような関係性は、全く無視してしまえる問題です。英語では、性別や年齢、身分等に一切関係なく、話者自身を指す語は全て共通してIですし、対話の相手は、それが親であろうと子供であろうと、上司であろうと部下であろうと、常にyouです。日本人が親や教師や上司を指して「おまえ」とか「あなた」とか「きみ」とか言ったら、それは少なからず問題を引き起こしてしまうと思いますが、英語なら、誰が誰に対してもyou以外に言いようがありません。

Iは話者そのものを、youは対話の対象そのものを単純、純粋に指示するだけで、それ以外の付加的な情報は一切持っていません。そこには男女の別さえありません。つまり、英語のIは、対話の相手やその場の状況、自分に対する認識を全て無視した上でも成立するものであるということです。これはよく考えると、わたしたちには非常に不思議なことではないでしょうか。英語のIは、対話の相手すら前提とせず、また、必要ともしない、世界とは無関係に、ゼロから出発した自己規定であるということになるからです。まさに、I think, therefore I am. の「I」なのです。

英語においては、対話の対象や場の状況を認識する前に、まず他ならぬ自分自身がIとして認識され、存在します。従って、Iは、それが子供であるとか大人であるとか、男であるとか女であるとかいった関係性を得る前から、すでにIとして規定済みの存在です。もっと言えば、それは、造物主による創造物として、一切の関係とは無縁に、無の中から発生した一つの絶対性として存在します。

そういった意味で、英語による自己規定とは、万人が対等であると言えるでしょう。それが男であろうが女であろうが、老人であろうが子供であろうが、身分が高かろうが低かろうが、自分自身は誰もが対等にIであり、対話の相手は、自分の子供であろうが部下であろうが、隣人であろうが大統領であろうがyouです。このようにはっきりとした明快な自己規定の在り方は、英語話者が、初対面の人間に対しても臆することなく振る舞う態度や、いかなる場面においても堂々と自己主張できるというような一般によく言われる傾向とも、無関係ではないように思います。また、それは彼らの個人主義とも容易に結びつくでしょう。日本人が「和」や集団内の同一性を重視するのに対し、欧米人は、個と個の間の違い、差に価値を見出し、オリジナリティを重視します。逆に言うと、日本人は初対面の人間に対しては、その人との「関係」

をつかめないので、相手を「きみ」と呼んでいいのか「あなた」と呼んでいいのかさえ判断できず、しどろもどろになってしまうことが多いわけです。

いずれにせよ、こうした自己意識の大きな違いは、英語的な発想を身につけようとする日本人にとって、大きな障壁となっているに違いありません。日本語話者が英語話者に比べて周りの目を意識しすぎたりするのは、何も偶然そうなったわけではないように思えるのです。

人称代名詞の格変化

さて、では、以上の内容をふまえた上で、さらに別の角度から英語の人称代名詞について詳しく見てみましょう。

当然のことながら、英語の人称代名詞には格変化があります。I — my — me、you — your — you……というやつです。

中学校で英語を習い始めてまず最初に教わることの一つがこの人称代名詞の格変化なんですが、英語がほんとにダメな人は、もうこの段階でダメなんですね。みんながわけもわからないままに「アイマイミー、ユーユアユー……」って呪文のように覚える、それが覚えられないわけでは決してないんですが、英語につまずく人は、もうここからつまずいている。

それって、やっぱり、日本語にはこんな人称詞の格変化なんていうものがないからだと思うんです。なんで「私」や「あなた」が語形変化するのか、いや、変化するのはまあいいとしても、それぞれの「主格」「所有格」「目的格」という役割の意味は何なのか、そんなことを理解するのはそう簡単なことではありません。考えてみれば、この段階で英語に拒絶反応を示してしまう生徒がいるのも当たり前のような気がします。

英語の人称詞の格変化を、わたしたちはいつの間にかごくごく当たり前のものとして覚えていますけれども、このように、同一の対象を指示する語が状況に応じて形を変えるというのは、日本語には全く見られない性質です。なんで主語のときにIだったものが目的語のときはmeになるのか。わたしたちはそういったことを一切教わっておりませんし、それはいったいどういうことを意味しているのか。そして、どうしてそうなるのかどうもよくわかりません。

わたしたちは通常、英語の人称代名詞の格変化を、おおよそ次のように理解させられています。

I→　「私は」「私が」
my→「私の」
me→「私を」「私に」

百歩譲って、仮に日本語の「私」が英語のIと同質の一人称の概念を指示する語であるということにしておいても、やはりこのような格変化がある以上、依然「私」とIの間には断絶があるわけです。

日本語では「私」という名詞にくっつく「は」「が」「の」「を」等の助詞の使い分けによって「私」という語の文中での働きが決定されるのに対し、これを英語に当てはめようとすると、I、my、meのように、語自体がすり替わってしまいます。語自体が違うということは、当然そこに込められている意味内容も違っているということであるはずです。

日本語では、主語になる「私」も目的語になる「私」も、同じ「私」ですが、英語ではどうもそれぞれが異なる「私」であるらしい。これは、よく考えると、やっぱりわたしたちにはかなり奇妙です。

私は彼女が好きだ。
彼女は**私**が好きだ。

このように当然、日本語の人称詞は、動作主であっても、他者の動作の対象であっても同じ「私」であり、「私」は常に、語形的にも質的にも変化することはありません。

ところが、同じ内容を表すのに、英語では、

I love her.
She loves **me**.

という具合に、語自体が変化してしまいます。語自体が違うのだから、これはまぎれもなく、動作主である「私」と、他者の動作の対象としての「私」を、I と me という形ではっきりと区別して認識しているということなのでしょう。彼女のことが好きな「私」と、彼女に好かれている「私」は、それぞれ I、me と、質的に異なる別のモノとして把握されているわけです。

主語だけが世界を動かす

では、そのIとmeの違いとは何なのでしょう。

I am a teacher.
I love her.
I play baseball.

She loves **me**.
Give it to **me**.
Do you want to come with **me**?

一言で言ってしまえば、Iとは、主語として、つまり、動作主体として、常に動的な性質を与えられた存在として認識される「私」です。何を今さら当たり前のことをと思われるかもしれませんが、別の言い方をするなら、Iというのは、その一瞬間においては世界の中心となって、これから世界に対し何らかの作用を及ぼすことのできる能動性を内在した「私」です。

ですから、Iは I のまま完結することはなく、必ず後にその能動性の帰着点（動詞）が添えられなければなりません。Iとは、その後に常に動詞を必要とする性質のものであり、動作主として立ち上がった状態の「私」を指示しています。

一方、meは、世界に何ら作用を与えることのない、世界を動かす力を持たない、能動性を発動することのない、静止した客体としての「私」です。それはまさに、「目的語」（object＝対象）であって、まぎれもない話者自身であるにもかかわらず、外側から俯瞰《ふかん》的に捉えられ、客観的に対象として固定されています。言うなれば、meは、一個の「モノ」、存在物として静止しています。

先の例文に戻るなら、She loves me. という言い方においては、世界の中でその能動性を発動しているのは she（彼女）だけであって、me は静止した一つの対象にすぎません。She loves me. とは、あくまでも she を起点として she から発生した世界の出来事を捉えるセンテンスであり、逆に、I love her. とは、Iを軸にして成立している現象です。

従って、日本語の「彼女は私が好きだ」という文が、「彼女」や「私」を含む世界の存在を前提とし、「彼女」と「私」の間にある相互の関係性を捉えているように感じられるのに対して、She loves me. という文は、あくまでも she を中心的テーマとして she に関する事柄を述べたものであり、そこでは me は世界にごろごろと転がっている対象の中からたまたまピックアップされた一つの「モノ」にすぎません。日本語はその前提としてあらかじめ世界全体を一つの関係系として掌握しているので、「彼女」と「私」の存在を前提とした上でその関係を説明するわけです。それに対して英語で、She loves me. と言った場合、世界は she から始まるのです。

前に述べたように、英語の世界においては、人も物も、a cup も a boy も、そして、me も him も her も、全てが絶対的な存在物であるという点において均質であり、同じように独立し、個別に絶対性として存在しています。言うなれば、それは、何もない平坦な世界の上に、人やモノがポツリポツリと独立し、相互の干渉なく点在しているようなイメージで捉えるべき世界観であるように思われます。それぞれの存在物は創造主である神との一対一の関係のみで存在しており、個々のモノとモノは切り離された別個の「モノ」として孤独に存在しています。そうした客体的な存在物として静止した状態にある「私」こそが me なのです。

そして、それら一つ一つの存在が、世界に対して、あるいは他の存在に対して何らかの作用を及ぼしたりする、つまり、その能動性を発動し世界に動きを与えるその瞬間に、me は I として、him は he として、形を変えて認識されます。I は行為者として、世界の中で一人屹立しています。逆に言うなら、英語の世界に動きを与えることができるのは主語（動作主）だけであり、動作主こそがその瞬間における世界の中心なのであって、動作主の前では、全ては静止した「対象」です。英語の世界認識は、常に動作主（主語）を起点として始まるのです。

英語話者の会話というのは、わたしたちからすると、自我対自我の激しいぶつかり合いのように見えることがよくありますが、このように考えてみるとそれも当然なのかもしれません。日本人が「私」と「あなた」の間にある関係性を前提とし、そこで共有される一つの場の中で会話を進行させていくのに対し、英語においては、それぞれの話者が I… と口にした瞬間、世界はその話者を中心とし、話者を起点とした世界として、発話者（主語）がかわるたびにめまぐるしくその中心軸を移動します。それが誰であれ、英語においては、常に動作主が世界の中心なのですから、英語話者の会話は常に複数の異なる世界のぶつかり合いになるのです。そうした意味において、英語話者の自己とは、非常に孤独なものであり、あらかじめ他の一切の存在と対立していると言えます。

日本語の「私」は、主語とも目的語とも限らず、また、場合によっては一人称とさえ限らないきわめて曖昧な概念です。その存在自体を、相手や世界そのものに依存しているからです。ところが、英語でI… と口にしようものなら、わたしたちは、たった一人で世界の中心へ放り出され、一切の責任を一人で負わされてしまいます。

実際、日本語話者は日常の会話の中においても、相手と意見が合うことに喜びを感じる傾向があると思います。同一であること、同じ世界観を共有することに安心を覚えるのが日本人です。それに対して英語話者は、一般に、個性と個性を対立させ、互いのオリジナリティを主張し合うような議論を好むようです。それは、一人一人が他と切り離されて対立的に存在しているという自己認識のイメージから生まれる傾向であるとは言えないでしょうか。日本人ははっきりものを言わないから何を考えているのかわからない、と困った顔をされても、あるいは、自己主張が弱い、もっときっぱり意見を言うべきだなどと反省を求められても、それらは根本的には母語がそうさせる問題だから解決は難しいのではないかというのが私の考えです。

常に動作主（主語）を出発点とし、主語から世界が始まる英語においては、動作の対象となるもの（目的語）は、動作主とははっきりと区別される必要があります。主格と目的格、I と me は、当然、違うものとして認識されなければならない、というわけです。

無生物主語

ここで少し寄り道をして、いわゆる無生物主語の構文についてふれておきたいと思います。

英語においては、常に主語だけが世界に動きを生み出すことができる。そう考えてみれば、日本人になじみにくい英語特有の表現としてよく例に挙げられる無生物主語構文の論理構造もよくわかるような気がするからです。

① **What** makes you so angry?

「**何が**あなたをそんなに怒らせるの？」

← （なぜあなたはそんなに怒っているの？）

② **This bus** will take you to the library.

「**このバス**はあなたを図書館に連れて行く」

←

（このバスに乗れば図書館に行ける）

③ **This medicine** will make you feel better.

「**この薬は**あなたの気分をよくするだろう」

←

（この薬を飲めば気分がよくなるだろう）

④ **The technology** allows us to process data.

「**その技術は**わたしたちがデータを処理することを可能にする」

←

（その技術によってわたしたちはデータを処理することができる）

このように「無生物」を主語にした英文は、「　」に示したような直訳風の日本語でもかろうじて意味は通じますが、不自然になることは言うまでもなく、わたしたちには「モノ」に人格が与えられているかのような、奇妙な印象を与えます。そのせいか、こうした英文を、「モノ」の擬人化であるとする解説もかつてはよく見かけましたが、どう考えてもこれらの文がそんな文学的な認識から成立しているものだとは思えません。

例えば①の文。日本語話者にとって、怒る、腹が立つという感情はその人の内部で「自然に」わき起こってくるように感じられ、それゆえに自動詞的に表現されますが、私たちが怒るのは、本来「何かのせい」です。私たちは理由もなく自然に怒り出すのではなく、「何か」外的な要因によって怒らされているわけです。その原因が「何か」Whatを尋ねるのが①であって、その問いに対する答えは、ヒトでもモノでも同じ形で主語として与えられます。わたしたちは自然に怒るのではなく、わたしたちが怒るという動きを世界に生じさせるのは、わたしたちの外部にある「何か」です。その「何か」は、動きを生み出すものとして、無生物であろうが生物であろうが、同様に「主語」になって表現されるわけです。

②では、日本語で「このバスに乗れば図書館に行ける」と言った場合、それは、わたしたちとこの世界の関わりを説明しています。わたしたちが共有しているこの世界において、図書館に行くにはこのバスに乗ればよい。日本語はそのように考えます。言わば、日本語は、関係系としてのこの世界のしくみについて述べています。「このバスに乗れば図書館に行ける」という日本語には主語らしき主語がありませんし、省

略されていると思しき語でそれを補おうとしても、「このバスに乗れば（わたしたちは）図書館に行ける」とか「このバスに乗れば（誰でも）図書館に行ける」と、どうにも不自然になってしまいます。それは、日本語が、この世界のしくみとして、バスと図書館、それに乗りそこに行くわたしたちとの間の「関係」を説明しようとしているからです。

しかし一方、見方を変えれば、わたしたちが図書館に行くという動きをこの世界に生み出すのは、「このバス」であるという考え方も可能です。それが英語の発想です。自分で歩いて行くのならば英文の主語は You になるでしょうけれども、このセンテンスにおいては、まさに、このバスこそがわたしたちを図書館へ連れて行く。これはバスに人格を付与しているのではなく、「このバス」を主語＝subject＝中心的テーマとし、「このバス」という個別の「モノ」について客観的に記述しているわけです。世界に動きをもたらすのは、モノもヒトも関係なくあくまでも主語であり、逆に言えば、この世界に生じる動きは、全て主語にその原因を求めることができる。英語はそのように世界を把握します。モノもヒトも関係なく主語となって世界に動きをもたらす、その意味において、無生物主語構文というのは、英語にとって何ら特別なものではありません。This bus will take you to the library. という文と、I will take you to the library. という二つの文では、「あなたを図書館へ連れて行く」という動きを生み出す点において、This bus も I も全く均質であると言えます。

同様に、③なら、あなたの気分がよくなるという変化を世界に生じさせるのは「この薬」、④ならば、データ処理をするという動作を可能にするのは「その技術」です。やはり英語の世界では、自然に気分がよくなったりデータ処理が自ずと可能になったりすることは決してないのであって、あくまでもその動きの原因は明確に主語として特定されるのです。

では、これらとは少しタイプの違うものも見てみましょう。

⑤ **Elephants** have long trunks.

「**ゾウは**長い鼻を持っている」

←

(ゾウは鼻が長い)

この「ゾウは鼻が長い」というパターンの日本語文は、ゾウが主語か鼻が主語か、あるいは両方が主語なのか、いずれも主語でないのか、何十年も論じ続けられている日本語文法の難題で、いまだに決着を見ていません。しかし、これを英訳すれば、なんの迷いもなく⑤のように主語は ゾウ Elephants になります。

同様の例文はいくらでも考えられるでしょう。

⑥ **This house** has two bedrooms.

「**この家は**二つの寝室を持っている」

←（この家は寝室が二つある）

⑦ **The beverage** contains caffeine.

「**その飲み物は**カフェインを含む」

←（その飲み物はカフェインが入っている）

⑥の自然な日本語訳「この家は寝室が二つある」の場合、主語は家なのか寝室なのか。同様に⑦の「その飲み物はカフェインが入っている」なら、主語は飲み物なのか

カフェインなのか。確かにこのように考えてみると、そもそも日本語における「主語」とは何なのかという問題と向き合わざるを得なくなります。

日本語にはまず関係系としての世界があり、そこには最初から前提として海も山も木も花もあります。バスに乗って図書館に行ったり、薬を飲んで気分がよくなったり、何かのせいで腹が立ってきたりもする、たくさんの複雑で相対的にからみあった関係系の中にわたしたちはいて、もちろん話者自身もその一部です。そうした世界の一部のありようとして、目の前にある家の様子を記述している。「この家には寝室が二つある」という日本語は、そのように感じられます。

一方、英語では、話者自身と同じように、一つ一つのモノも、特に前提となる世界を必要としないまま個別の絶対性として把握されます。「この家には寝室が二つ**ある**」のではなく、「この家は二つの寝室を**持っている**」とする視点は、話者とは対立的に存在する「この家」という個別の絶対的存在物を客観的に捉えています。

日本語において、「この家」が主語なのか、「寝室」が主語なのかが曖昧に感じられるのは、話者自身と「この家」が英語のようにそれぞれ絶対的存在物として対立的に向き合うのではなく、相対的存在としての「家」や「寝室」や話者自身をその構成要素に含む世界全体が無意識の視野に入っているからではないでしょうか。日本語は、

「寝室が二つ**ある**」という世界のありようを世界の内側から記述するのに対して、英語は「寝室を**持っている**」という形で主語＝subject である「この家」と対峙し、それを客観的に記述します。そういう意味では、やはり日本語には、英文法的な意味合いでの主語というものはそもそも存在しないと言ってしまってもいいのかもしれません。

こうやって無生物主語の文をよくよく眺めていると、一つ一つのモノやヒトがその能動性を発動することで個別に動きを生み出していく、日本語とはかけ離れた英語の世界が見えてくるような気がしてきます。他人のすることには極力口出しをせず、その代わりに自身の権利も躊躇なくしっかり行使する、そうした英語話者の個人主義の尊重も、英語の構造と密接につながっているような気がします。

英語においては、ヒトもモノも、全てがあらかじめ孤立したゼロの状態から規定される「存在物」であり、英語の名詞・代名詞は、その「モノ」としての輪郭を際立たせるような形にできあがっていて、そうした名詞は主語になることによってその能動性を発動する。この認識を本章のまとめとして確認しておきたいと思います。

第3章　動詞がわからない

よく考えてみると、わたしたちは、英語の動詞というのをどうもちゃんとわかっていないような気がします。わからないまま、例えば進行形は「be 動詞＋～ing」、受動態は「be 動詞＋過去分詞」、完了形は「have ＋過去分詞」……という具合に、まるで数学の公式を覚えるように丸暗記しているだけです。だから、〝未来完了の受動態〟なんていうことになると、「will ＋ have ＋ been ＋過去分詞……？」と、ややこしい公式を懸命に組み合わせることになります。

ちなみに、英語の苦手な中高生によく見られる間違いは、こんな具合です。

①× He playing tennis.
②× I have write the book.

①は進行形のつもり、②は完了時制のつもりです。結局、「be ＋～ing」「have ＋

過去分詞」といったような公式を、日本語との対比の上でうまく消化できないからこうなるのでしょう。

要するに、わたしたち日本人は「be ＋〜ing」の be が、言葉としてどういう意味を持っているのかよくわかっていません。play が必要に応じて playing や played と形を変えるのはわかるような気がしますが、それに be や have を「助動詞」としてくっつけなければならないというのは、理由がよくわかりません。be は be、have は have で、それぞれ固有の意味を持った語なんですから、play が be playing になったりするというのはどうもおかしい気がする。

あらためてあれこれと文句をつけ始めてみると、日本語と英語の対比がもっとも困難なのは、動詞です。日本人の動詞に対するイメージと、英語話者のそれとの間には、かなり深刻な隔たりがあるように思えてなりません。

本章では、動詞という概念の差異からアプローチしてみたいと思います。

1——英語の動詞

英語の動詞もモノである

英語の動詞に関して一つ特徴的なのは、動詞がそのままの形で名詞化したり、あるいはその逆が行われたりすることが頻繁にあるということです。play、talk、swim……等の例を挙げるまでもなく、英語の動詞はそのまま名詞として用いられることが非常によくあります。

I **talked** with him.
I had a **talk** with him.

本来、英語の動詞というのは、わたしたちの考える名詞のイメージにかなり近い性質を持ったものなのではないでしょうか。言ってしまえば、英語の動詞は「モノ」に近いような気がします。例えば、次のような文などは、日本語の発想では絶対に出てこない、珍妙な感じさえする表現です。

He gave me a **look**.「彼は私を見た」

このような英語特有の表現に出くわすと、生徒のほとんどが拒絶反応を示します。

「彼は私に look を与えた……？」

ここでは、look（見るという動作）が、たとえば He gave me a camera. などと言ったときの camera と同じように、まるで具体的な存在物であるかのように扱われていると感じられます。

第2章のはじめ、否定疑問文に対する受け答えのところでもふれたように、英語においては、行為そのものさえもが、アル／ナイで判断されます。つまり、やっぱり英語の動詞というのは、アル／ナイの二元論で判断可能で、「モノ」のように人に与えたり人からもらったりできて、名詞的なモノに容易に移行できる概念であるように思えるのです。

例えば、口語英語では「久しぶり」と言うときに、Long time no see. という言い方をよくしますが、ここでの動詞 see もまるで名詞のように見えます。いささかブロークンな表現ではあるものの、この see は「会う」という行為として、いともたやすく名詞化しています。

日本語の述語動詞は、主語の存在が前提とされています。日本語で「話す」「見る」「食べる」等と言った場合、それは具体的な誰かが「話し」たり「見」たり「食べ」たりする、その主語の誰かが必ず想定されています。想定されているからこそ、日本語では主語が省略できるわけです。逆に言えば、わたしたちは、主語が存在しないのに動作だけが発生するわけはないと考えています。

一方、英語の動詞は、「話す」「見る」「食べる」といった行為そのものを、一般性の中で、観念として、名詞的、「モノ」的に指示し、そこに具体的な主語の存在を必要としません。英語の動詞は、「原形」という形で、主語を得ないまま、極端な言い方をすれば、個々の「ヒト」や「モノ」が存在するのと同じように、まず行為自体を存在物のように捉えます。英語の動詞の原形は、「話す」「見る」「食べる」といった行為を、主語とは切り離されて独立した個々の存在物のイメージで表現しています。

まずそうした「モノ」的な、観念としての原形を先に成立させた上で、その後に動詞は、わたしやあなた、彼、彼女といった主語と結びついたり、直説法、仮定法、命令法や、現在、過去、未来といった法や時制の属性を与えられて現実場面に合わせた具体的な形に変えられていきます（現在の英語では、「原形」と一人称や二人称の「現在形」は同じ形になってしまっていますが、今でも印欧語族の多くの言語がそうであるように、もともとは英語にも、法や人称、時制によって、動詞の語尾にはめまぐるしい活用がありました。動詞の活用については後述します）。

例えば、swim という動詞の原形は、泳ぐという行為そのものを、一般性の中で主語との関連を得ないまま指示します。しかし、そうはいっても動詞は動詞であって、やっぱり動名詞 swimming のような完全な名詞ではありません。それは、「誰が」「いつ」「どこで」「どんな気持ちで」等の具体性を一切帯びておらず、また、「泳ぐ」↓「水泳」という概念としての完全な抽象化、名詞化のステップも経ていない、ナマのままの「オヨグ」です。

こうしたナマの原形が、主語と結びつけられずに(つまり、文中で述語動詞として用いられずに)、ナマのまま用いられる形が不定詞です。例えば、

It's fun to **learn** English.「英語を学ぶのは楽しい」

といった場合、learn English という行為は、特定の誰が、いつ、といった情報を与えられないままに、一般性の中で語られているのがわかると思います。

また、

He made me **do** the work.「彼は私にその仕事をさせた」

といったような場合も同様です。これは、「動作主である he が、その動作の対象である me を、do the work という行為と結びつけた」つまり「主語 he は、me が do the work とイコールになる状況を作った」という指示内容を持つセンテンスです。従って、ここでの do はやはり、まだ me と結びつけられる前の、ナマのままの「その仕事をする」という行為として一般性の中で語られなければならないために、原形のまま不定詞として用いられるわけです。

そして、このように、法や人称や時制の制限を受ける前の、ナマのままの、観念としての原形は、「モノ」的にイメージされるがゆえに、容易に名詞に移行する性質のものなのだろうと思われます。

例えば、最初の I had a talk with him. という文を、もう一度、思いっきり直訳して、

「私は彼とともに〈話す〉を持った」

と捉えてみてください。「話す」という行為が、主語と切り離された、独立した「モノ」であるというイメージがなんとなく感じられないでしょうか。この直訳の中の〈話す〉のイメージが、そのまま原形としての英語の talk にも近いイメージであるように思います。

何よりもまず、英語の動詞が持つこの「モノ」的な性質を念頭に置いて話を進めたいと思います。

2——動詞の語形変化

さて、ナマのままの動詞の「原形」は、形を変えたり、それに～sや、～edや、～ing等の「異物」が付着することによって、一般性から個々の具体性を指示するものへと変貌していきます。

次はそうした動詞の語形変化について考えてみたいと思います。

人称による動詞の語形変化

まずは、人称による語形変化から見ていきましょう。

主語の人称によって、語形がもっとも大胆に変化するのは、何と言ってもbe動詞です。主語が一人称単数の場合はam、二人称ではare、三人称単数ならisと、その形をまったく変えて、be動詞は英語を習い始めたばかりの中学一年生を昔から悩ませ続けてきました。このやっかいな語形変化にはいったいどのような理由があるのでしょうか。

歴史を大きくさかのぼると、be 動詞の起源は es- や er- という語形にたどり着きますが、am、are、is の違いはその古い語形の活用語尾に由来します（es-mi → am、er → are、es-ti → is)。しかし、わたしたちにわからないのは、そもそも一人称、二人称、三人称で be 動詞の形を区別するという発想そのものです。

日本語の発想では、主語によって動詞自体の語形が変わるというのは意味がよくわかりません。なんのためにそんなことをしなければならないのか、とわたしたちには思えます。しかし、英語が全てを「モノ」的に、存在物として捉える言語である以上、その存在のありように細かい関心が払われるようになるのは、考えてみれば納得のいく話です。

つまり、そこには、常にその存在としての在り方、その存在としての質的な差異に対する意識が働いているのではないでしょうか。一人称である「私」「自分自身」という存在と、目の前にいる具体的な「あなた」という存在、そして、対話の外側にいる第三者の存在は、それぞれ話者にとってその存在としての質を異にするものです。「私が存在する」「あなたが存在する」「彼、彼女が存在する」、それぞれはみんな違う形で存在しています。その在り方の差異に対する意識が、語形変化によって表現され

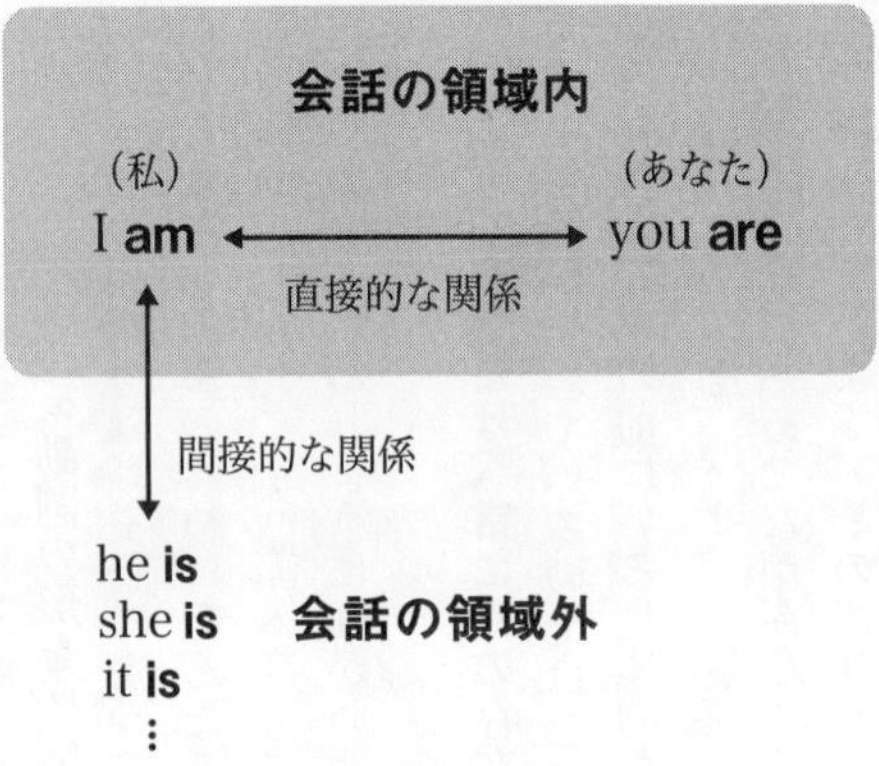

図 1

ているのではないでしょうか。

上の図1を見てください。言葉というのは、常に自分自身Iと目の前にいる対話の相手であるあなたyouの間を行き来するものです。そして、話し手と、話し手の言葉が向けられる対象（聞き手）以外は、たとえその場に居合わせたとしても全てその会話の外側にいる第三者です。これらはそれぞれ、話し手にとってその存在の質が異なります。

つまり、話者「私」における、自分自身という存在認識がamです。それは内的に認識される自己の感覚であり、自身の意識そのものです。これが他者の存在と比較して特別なのは言うまでもありません。

それに対して、you are の are は、たった今自分の目の前で自分の発話の対象となっている「あなた」という、目に見えた具体的な存在です。それは、たった今「私」

と対峙し、対話の直接の対象となっているという点で「私」と直接的な関係を持っていて、その他大勢とははっきりと区別される、「私」にとって他者としてはもっとも具体的な存在です。二人称は三人称よりも存在としてなまなましく、鮮明です。「あなた」とは、無数にある対象の中から「私」が発話のターゲットとしてピックアップした特別な存在であり、そうした特別な存在として「私」に強く意識されています。

さらに、三人称の is は、今のところ「私」と「あなた」の間で成立している直接的な関係の外側に位置し、より客観的で、間接的な存在の在り方を表します。「私」と「あなた」は会話の当事者であり、その意味において特別な存在ですが、それ以外の「彼」「彼女」「これ」「あれ」「それ」という存在は、みな均質に会話の領域の外側に位置します。会話が「私」と「あなた」の間で行われるものである以上、たとえその場に居合わせたとしても、それ以外の存在は心理的に外側に位置します。

こうしたそれぞれの存在としての在り方に対する意識の違いが、am、are、is という語形変化によって表現されているのではないでしょうか。

ヒトやモノを「存在物」として認識する以上、英語は日本語より個々の存在物としての輪郭に敏感です。「私」の在り方と「あなた」の在り方、「彼」「彼女」の在り方は、みなそれぞれ異なっています。「私」と「あなた」と「彼」の間では、常に距離感や隔絶感が意識されていて、それぞれが独立して存在しています。日本語のように、みんなが同じように相対的に存在する「関係」を前提として持たない以上、「私」にとって私以外の存在は、ある意味ですべてが異物です。日本語の「私」は、いつでも「あなた」や「彼」「彼女」にすり替わる相対的なものですが、英語の「I」はブレることのない絶対的な「I」であり、「you」や「he」「she」はその外部に、それぞれ対立的に、独自に存在しています。当然、それぞれの存在のあり方は、語形においても区別されなければならないのでしょう。

中でも、他者を二人称としての存在 are と三人称としての存在 is に明確に区別するということは、自身の発話のターゲットとしての対象（聞き手）を捉える意識がよりはっきりと強いものであるということであり、それは英語話者の会話様式とも関連しているような気がします。いわゆるガイジン的なふるまいや英会話における英語的なアティテュードというのは、私自身の存在（am）と目の前にいる人間の存在（are）、それ以外の存在（is）を全く異なった存在として感取する意識に関わりがあるようにも思えます。

また、現代の英語ではこうした人称による大きな語形変化は be 動詞にしか残存していませんが、先にも少しふれたとおり、古い時代の英語では、今でも多くの印欧語系の言語がそうであるように、すべての一般動詞において人称による屈折語尾の変化がありました（現代英語では、いわゆる三人称単数現在のｓにのみその痕跡が残っています）。それはやはり、それぞれの人称によって「存在」の質が違う以上、それぞれの「動作」や「状態」も異質であるという意識の表出であると思われます。

日本語では「私」も「あなた」も「彼」も「彼女」も、同じ世界の中で同じように存在し、同じように食べたり見たり話したりしています。私とあなたと彼、彼女は交換可能な存在であり、重要なのは、それぞれの間の関係だけです。しかし、英語では、あくまでも「私」と「あなた」、「彼」「彼女」は質の異なる別個の存在であり、その在り方も、食べ方や見方や話し方も、話者の意識の中でみな異なります。

英語話者は、常に「自己」の意識を、私たちの想像以上に強くはっきりと持っているように感じます。それは、「自己」の輪郭により自覚的、意識的であるということであり、逆に言えば、常に「自己」の外側、「自己」以外の存在を対立的に認識しているということでしょう。対峙型の対話を好み、個別性を尊重する英語話者の一般的な傾向は、こうした言語の形の中にもきっちり表現されているように思います。

過去形

次は、時制 tense による語形変化を少し見ておきましょう。

英語の時制は、動詞の語形変化においては、過去（過去形）か、過去でないか（現在形）の二種類しかありません。日本語同様、英語にも未来形という語形はなく、未来は助動詞 will や、be going to といった表現で表すことになります。

従って、ここでは、過去形が用いられる場面について考えてみたいと思います。

動詞の過去形が用いられるのは、大きく分けると、過去時制の場合、そしていわゆる仮定法過去の場合の二通りです。

I **had** lunch with Tom yesterday.

「昨日はトムと昼食をとった」（過去時制）

If I **had** enough money, I **would** buy this camera.

「十分なお金があれば、このカメラを買うのに」（仮定法過去）

この二通りの表現に共通している意識は、今現在のこの世界において自分や対話の相手、第三者に属している動作や状態とは心理的に離れたところに、かつて存在していた（過去）、または存在すると仮定してみる（仮想）、という「非現実感」です。

かつてはあったけれどもいまはもうないもの、現実には存在しないけれどももしあったら……と想像するもの。それらに共通するのは、今目の前に具体的に存在するわけではないという、不鮮明な対象への心理的な距離感です。その時間的な隔たりや、現実と仮想の隔たりを表現しているのが、過去形という語形であると思われます（図2）。

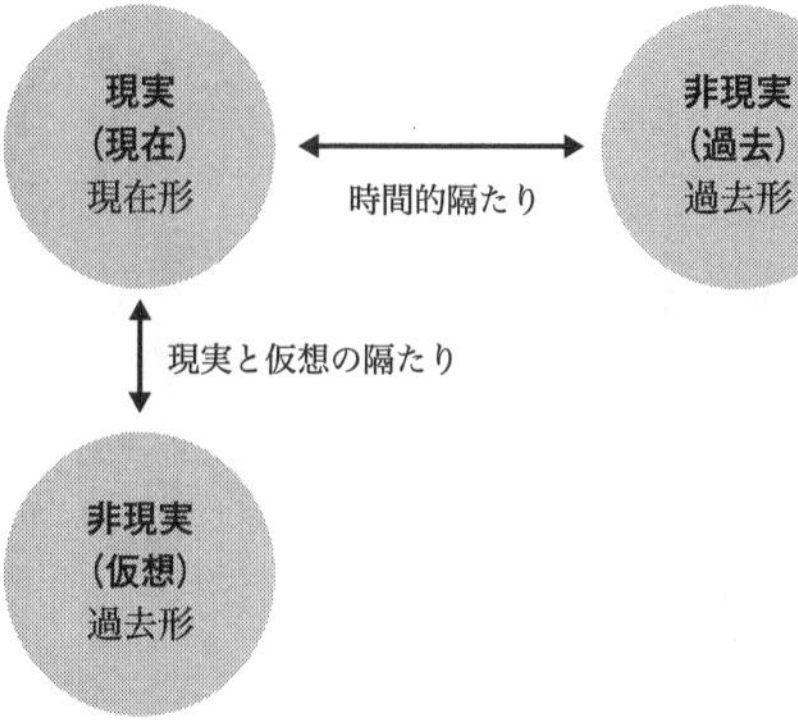

図2

また、文法書によっては、これら以外に、丁寧表現としての過去形という説明の仕方をしているものもよく見られます。

① I **was wondering** if you could help me.

「お手伝いいただけないかと思っているの

ですが」

② **I would like to ask you a favor.**

「お願いがあるのですが」

しかし、これらの過去形も結局は、次のような意識で用いられていると考えれば、やはり同じであるということがわかります。

①「(もちろん難しいのはわかっていますが、もしかすると)お手伝いいただけるのではないかと考えを巡らせておりました(が、もう今は思っていません。いちおう言ってみるだけなのでダメだったら遠慮なくお断りください)」

②「(基本的に難しいとは思っていますが、もし仮に可能であるとしたならば)、私はあなたにお願いさせてもらうことを好むだろうと思います」

つまり、過去形の動詞を用いることで、もはや今現在は具体的に想定している話ではなく、自分の思いは原則的にもう過去のもの、仮想のものだ、ということを表現し、自身の要望を今ここからは距離のある非現実の遠景に置きに行くことによって謙虚さを示しているわけです。

時制の一致

過去形の話が出たところで、少し「時制の一致」についてもふれておきましょう。学校の教科書に出てくる「時制の一致」のページで頭を悩ませた経験は誰もが持っていると思いますが、よく言われるように、英語における時制の取り扱いはきわめて論理的です。時には現在と過去が入り乱れ、またそうした手法が文学性を演出したりさえする日本語とは違って、英語は原則として常に視点を現在に固定し、過ぎ去った過去は過去として語形の上でもはっきり示します。次ページの表をご覧ください。

英語においては、主節の述語動詞 seem（見える、思える）においても、that 節中の述部 be ill（病気である）においても、その事実が発生する「時」と、それを指示する語形が完全な対応を示しているのがわかると思います。英語は、that 節の中だけを見ても、「彼」が①今現在病気（is ill）なのか、②過去から現在にかけて継続的に病気(has been ill)なのか、③④過去に病気だった(was ill)のか、⑤それよりさらに前の時点で、あるいは過去のある時点までの期間病気をしていた（had been ill）のかが、語形の上で論理的に、明確にわかるようになっています。英語話者はこれら五種類の表現から、それぞれの出来事の時間的な前後関係をすぐにイメージできます。

❶ **英** It seems that he is ill.
現在　現在

日 彼は病気のようだ。
?　現在

(現在病気であることを現在推測)

❷ **英** It seems that he has been ill.
現在　現在完了

日 彼は(今まで)病気だったようだ。
?　現在

(過去のある時点から現在に至る期間病気だったということを、現在推測)

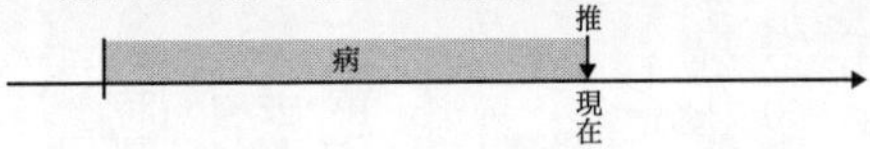

❸ **英** It seems that he was ill.
現在　過去

日 彼は(その時)病気だったようだ。
?　現在

(過去のある時点で病気だったことを、現在推測)

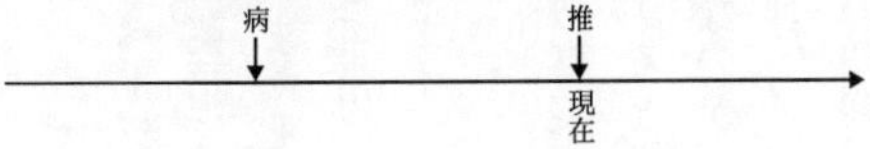

❹ **英** It seemed that he was ill.
過去　過去

日 彼は(その時)病気をしているようだった。
?　過去

(過去のある時点で病気だったことを、その時点で推測)

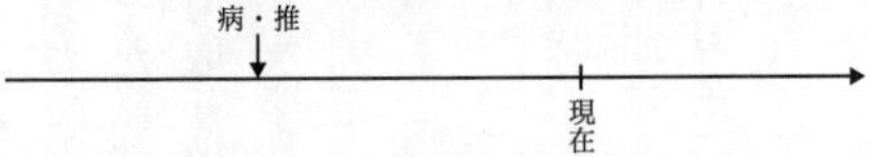

❺ **英** It seemed that he had been ill.
過去　過去完了

日 彼は(それまで)病気をしていたようだった。
?　過去

(過去のある時点に至るまでの期間病気だったということを、その時点で推測)

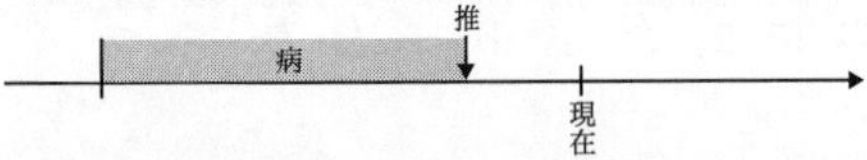

それに対して日本語は、②〜⑤の例において、「今まで」「その時」「それまで」等を補ってきちんと前後関係を指示しなければ、現在の表現や過去の表現が入り乱れ、彼がいったいいつ病気だったのかがどうにもはっきりしません。

このように、日本人の視点は、すぐに時間を飛び越えて過去や未来に同調し、過去のことでも平気で現在形（？）を用いて表現したりします。一方、英語の視点は常に現在にしっかりと固定されて動くことがありません。従って、時間的な距離を隔てているイベントについて言及する際は、その心理的距離感がきちんと語形の上でも表現されるわけです。

このことは、前章で述べた、日本語話者と英語話者の自己意識の差異にも関係があるように思われます。日本人の自己は、対人関係においても、相手を得るまで規定されることのない相対的なものです。日本人が常に対象に同化しようとする心性を持つ傾向があるのはよく指摘されていることですが、それは日本人の自己規定の相対性によるところが大きいと思います。そして、それはこの時制の表現においても同様で、日本人は、未来の話をするときは未来に、過去について語るときは過去に自己を同調させ、その結果、未来や過去のことも同様の語形で表現することを可能にしています。

それに対して、英語の自己規定はゼロから出発する絶対性の自己です。英語は明確な自己の存在認識からスタートして、そこから遠心的に世界を構築していきます。そこでは自分の立つ位置、自己の存在をまず確かにしておくことが必然的に求められることになり、その視点は常に「現在」に固定されて動きません。従って英語では、立ち位置が固定されている以上、時間的にも空間的にも、遠いものは遠いものとしてきっちり表現されなければならないのでしょう。

日本人にとって「時制の一致」は誰もが嫌がる面倒な文法事項の一つですが、先の一〇六ページのように図示して説明されれば、比較的納得しやすいものでもあります。それは、英語の時制表現がきわめて論理的にできているからです。しかし、わたしたちは、論理でこれを咀嚼するのではなく、自己を現在に固定し、そこから遠いものを遠いものとして認識する世界観のイメージを、これらの英語表現の中に感じ取っていくべきなのかもしれません。

3——be 動詞

さて、動詞の語形変化としては、さらに分詞についてもふれたいのですが、その前に少し寄り道をして、今一度 be 動詞について考えておきたいと思います。

be 動詞の意味

例えば、中学校の最初の頃から英語につまずいているような生徒には、次のような間違いがたいへんよく見られます。

× I am play baseball.

言うまでもなく、これは I play baseball. とすべき文です。

要するに、わたしたちは英語の勉強を始めてすぐに、

「私は先生です」→ I am a teacher.
「彼は医者です」→ He is a doctor.

というふうな例文をさんざんたたき込まれるものですから、be 動詞が、「私は」「彼は」等と言ったときの助詞「は」に相当するような語に思えてくるのでしょう。それ

で「私は野球をします」が、I am play… になってしまう。

いったんわかってしまえば考えられないような単純な誤りかもしれませんが、それでは私たちは be 動詞が表す意味をちゃんと理解しているのかというと、それもあやしいのではないでしょうか。わたしたちは、be 動詞なんて、とっくにわかっているような気でいて、実は何もわかっていないようにも思えます。

be 動詞というのは、英語学習者にとってもっとも基本的でもっともなじみの深い動詞ですが、それはまた同時に、もっとも理解しにくい動詞でもあると思います。少なくとも日本語との対比の上では、意味があるようでないような、ないようであるような、不思議な語です。be 動詞とはそもそも何を表しているのでしょうか。

学校文法における be 動詞の意味は、よく次のように大まかに分類されます。

①「～である」

He **is** a doctor.「彼は医者**である**」

I **am** happy.「私は幸せ**である**」

②「～になる」

She will **be** eighteen next year.「彼女は来年十八歳**になる**」
He wants to **be** a musician.「彼はミュージシャン**になり**たがっている」

③「いる、ある」
He **is** at the station.「彼は駅に**いる**」
Where **is** my camera?「私のカメラはどこに**ある**?」

④「存在する」
I think, therefore I **am**.「我思う、故に我**在り**」
To **be**, or not to **be**, that is the question.「**生きる**べきか**死す**べきか、それが問題だ」

これらをさらに大きくまとめると、①と②はいわゆるコピュラ(連結詞)であり、学校文法では、「イコール(=)のbe」と呼ばれたりするものです。それは、

He is a doctor. → He = a doctor

She will be eighteen. → She = eighteen

といったように考えることが可能だからです。そこで、be動詞は等号（=）のような働きをする、といった説明がなされることになります。

さらに、③は内容的に④の「存在する」とほぼ同義ですから、①②と区別して、③④の用法をまとめて「存在のbe」と呼んだりします。いわゆる存在動詞としてのbeです。

結局、be動詞には、「イコールのbe」と「存在のbe」がある、というのが、一般的な解釈のようですが、このように存在動詞がコピュラの働きを兼ねるというのは、英語に限らず多くの言語で見られる現象です。

be動詞は、本来、存在動詞である、という考え方でよいように思われます。コピュラ、等号としての機能は、あくまでも結果的なもので、もともとのbeの中心義は、「存在する」であると考えてよいと思います。ただ、そのbe動詞が表す「存在」の在り方が、やはり日本語話者にはいまひとつピンとこないために、なにやらわかりにくいことになってしまうのではないでしょうか。

もう少し丁寧に言い直してみます。be動詞は、「能動的主体として、中心的テーマとなって存在する」ことを表します。これは、先にふれた、英語においては主語だけが世界に動きを与えるという話の裏返しです。英語において能動性を発動するのが主語だけであるということは、その主語の存在を表現するbe動詞は、常に能動性をはらんだ存在、中心的テーマとしての存在を表していると言えるからです。

例えば、先ほどの文を、次のように区切って再度じっくり眺めてみてください。

He is　a doctor.

繰り返しになりますが、英語においては、常に動作主（主語）が世界の中心です。世界は動作主を唯一の中心的存在、能動的存在として認識され、それ以外のモノは全て単なる「対象」でしかありません。例えば、He loves her. と言ったとき、あくまでも世界は主語Heを中心として捉えられているのであって、herは静止した対象物でしかありません。

また、英語の生成は、一つ一つの語を同格的に並置していくのが基本です。そして、前章で述べたとおり、主語He（She、I、You……）は、能動性を付与された「彼」（彼女、私、あなた……）であり、その能動性の帰着点として、常に後に動詞を要求します。動作主である主語Heを世界に定着させるには、その動作・状態を指示する動詞が不可欠です。

主語Heは、それだけでは未完成の、宙ぶらりんの状態です。また、himというのは、存在物として完結してはいますが、単なる対象、客体として静止しているだけの存在です。「彼」を世界の中心とし、能動的主体として「存在」させるには、himではなく、He isでなければなりません。Heを中心として世界を捉えるとき、その存在はhimではなく、He isになるのです。能動的主体としてのHeは、その後にisを得ることによって初めてその存在の足場を得て定着します。

これまで何度も見てきたように、日本語が世界という関係性を前提としてスタートする言語であるのに対し、英語は静止したゼロの状態から出発する言語です。欧米人が日本人の会話様式を指して「腹芸」などといったような言葉で指摘するのは、日本人がお互いにあらかじめ了解しているこの「世界の前提」「関係の前提」かもしれません。

一方、英語の世界は、言葉が発せられない状態においては、個々の存在物が互いに干渉することなく静止しています。英語では、そこに例えばHeというsubject（主語=中心的テーマ）が与えられて初めてそのHeから始まる動的な世界が形成されます。次にくるbe動詞は、そのHeを、能動的主体として立体的に存在させます。例えば、「彼」が「人にものを教える」のなら、He = teachesですし、「東京に暮らしている」のならば、He = lives in Tokyoです。そして、単に彼が「いる、存在する」ということを、その能動性を含めて示すのが、He = isです。そうしてその後に、a doctorが与えられるのであれば、それは、He isというsubjectとしての存在の具体性を指示することになるでしょう。

つまり、He is a doctor. というセンテンスは、

① He… ↓ 動きの発生。無数のobject（対象物）の中からHeがsubject（中心的テーマ＝主語）としてピックアップされる。
② He is… ↓ Heが静止したobjectではなく能動的なsubjectとして「存在」する。
③ He is a doctor. ↓ その存在の具体性が、a doctorであることを並置により指示。

という具合にできているように思うのです。

もう一度、be動詞を用いた基本的な文を整理してみます。

He is→a doctor.
「彼の存在 → 医者」(彼の存在をsubject化し、それが医者であることを指示)
I am→happy.
「私の存在 → 幸福」(私の存在をsubject化し、それが幸福な状態であることを指示)
He is→at the station.
「彼の存在 → 駅にある」(彼の存在をsubject化し、その位置を指示)

このように、be動詞はあくまでも「存在」を指示するのが原義であり、最初からイコールのような等号であったわけではないと考えてよいと思います。

4――分詞の感覚

さて、ではその上で、動詞の語形変化について、最後に分詞を取りあげてみたいと思います。

分詞には、語尾が〜ing形をとる現在分詞と、原則的に〜edの形をとる過去分詞があり、いずれも動詞を形容詞的に用いようというのがその基本的な役割です。

英語の動詞は、「食べる」という動作を、誰が食べるのか、いつ食べたのか、現実に食べているのかそれとも仮想の話なのか、といった属性によって語形を変化させて表現するわけですが、それとは別に、「食べること」という形で名詞化したり（動名詞）、「食べつつある」とか「食べ終わっている」とかいったような意味合いで、名詞を修飾したり主語や目的語について説明を加えたりする（分詞）働きを担います。

ですから、動名詞や分詞はもはや動詞ではなく、それぞれ名詞、形容詞として機能する、というのがポイントです。例えば、次のような例文を見れば、現在分詞が文中で形容詞と全く同じように振る舞っていることは明らかです。

I saw a **sleeping** cat.「眠っている猫を見た」

That boy **swimming in the river** is Tom.「川で泳いでいるあの男の子はトムで

す」

また、動詞に〜ingをくっつけた語形は、形の上では現在分詞も動名詞も全く同じですが、swim「泳ぐ」→swimming「泳ぐこと、水泳」といったように、その名の通り動詞を名詞化する動名詞と、形容詞的に用いられる現在分詞とでは、用法の違いは明確で、両者の区別に困るようなことはあまりありません。歴史的にも、動名詞と現在分詞は、もともとそれぞれ別の語尾変化をもつ別々のものでした。

ただ、それが進行形に用いられる〜ing形になると、少々話がややこしくなります。

He is **swimming**.「彼は泳いでいる」

この文におけるswimmingが動名詞なのか現在分詞なのか、という問題については、進行相表現の歴史的な成立過程をたどってみても一概にどちらとは言い切れない複雑な状況が見られますし、なかなか断定は難しいようですので、ここではふれないことにします。

それよりも問題は、学校文法において、進行形の動詞句の作り方を、「be＋現在分詞」という形で教えられることです。

「〜する」ではなくて「〜している」という進行中の動作を表すときは、「動詞を〜ing形にして、**前にbe動詞を置く**」と、わたしたちは教わります。

従って、このセンテンスにおけるbe動詞isは、本動詞swimmingにくっつく助動詞であるという理屈になり、文構造としては、

He（S）　is swimming.（V）

という形で理解されることになるわけです。そして、この、なぜだかわからないけれども意味もなくbe動詞がくっつく、というルールが消化不良を起こし、本章の冒頭で紹介した×He playing tennis. のような誤りを生んでいるように思います。

先に見たとおり、be動詞は、「存在」を表します。進行表現のために特に意味を持たない助動詞として唐突に出現したりするという考え方はやはり不自然です。

先ほどと同様のやり方で、この進行表現のセンテンスをもう一度並べてみましょう。

He is → a doctor.

「彼の存在 → 医者」（彼の存在をsubject化し、それが医者であることを指示）

He is → happy.

「彼の存在 → 幸福」（彼の存在をsubject化し、それが幸福な状態であることを指示）

He is → swimming.

「彼の存在 → 泳いでいる」（彼の存在をsubject化し、それが泳いでいる状態であることを指示）

これなら、swimmingが現在分詞であり、なおかつその現在分詞が形容詞として振る舞っている（あるいは、動名詞であり、名詞として振る舞っている？）ということで納得がいくのではないでしょうか。

ですから、ここで確認しておきたいのは、やはりこのセンテンスが、

$\underset{S}{\underline{\text{He}}}$ $\underset{V}{\underline{\text{is swimming.}}}$

ではなく、むしろ本来は、

He is swimming.
S V C

と捉えるべきものであるということです。

日本語における「泳ぐ」→「泳いでいる」という変化は、確かに述語動詞の活用によるものと感じられるのかもしれませんから、swim → be swimming という変化をそのまま日本語に対応させて考えるのは、日本語話者にとって口当たりの良い解釈なのでしょう。しかし、実際には、「彼は↓泳いでいる」ではなく、「彼（He）」が「泳いでいる状態（swimming）」として「ある（is）」、といった形でこのセンテンスは成り立っているという認識が必要だと思います。

過去分詞

さて、では過去分詞はどうでしょう。

現在分詞が「〜しているところ」「〜しつつある」という進行中の動作を表すのに対して、過去分詞は「完了」を表します。そう言い切ってしまっていいように思います。言い切る、というのは、完了時制や受動態の中で用いられる場合においても例外なく、という意味です。現在分詞が「何らかの動作を進行中である何か」を形容するための語形であるのに対し、過去分詞は、「何らかの動作をし終えた状態にある何か」「すでに何らかの状態になってしまっている何か」を指示するための語形です。

英語では現在分詞のことを present participle、過去分詞のことを past participle と言いますが、その名のとおり、現在分詞というのは、その動作が現在に属するということを表すために用いられます。同様に過去分詞というのは、その動作や状態が過去に属するということを表すために用いられます。動詞の表す動作や状態が「過去に属する」ということは、その動作がすでに「完了」していて、過去のものになっているということでしょう。

例えば、write「書く」という動作が進行中であることを示すのが writing であるのに対し、それがもう完了している状態にあることを指示するのが written です。

この「完了」が過去分詞の基本的な指示内容であるという前提に立って、話を進めたいと思います。

受動態

受動態は、「be 動詞＋過去分詞」という形をとりますが、ここでは、なぜ「be 動詞＋過去分詞」が「受動」の意味になるのかを考えます。

もちろん、これまでの流れで見てきたとおり、受動態における be 動詞もまた、特に意味のないただの助動詞ではなく、やはり「存在」を表すものであるという考え方は変わりません。

英語では、能動態・受動態のことを、それぞれ、active voice、passive voice と言います。無理矢理日本語にするならば、「活動的、積極的な（active）言い方（voice）」「消極的、不活発な（passive）言い方（voice）」という感じでしょうか。active は、act（行為）の形容詞形であり、主体的、前向きに行為に向かう性質を形容する語です。一方、passive はその逆に、不活発で、自らは静止したまま何もせず、されるがままに外側からの影響を受け入れる状態を指示します。

そうやって改めて見てみると、この active voice、passive voice という言い方は、わたしたちが一般に理解している「〜する」「〜される」という能動・受動の認識とは、どこか少しズレているような気がしないでしょうか。

もしかすると、日本語の能動・受動、つまり「〜する」「〜される」という認識と、英語の active voice、passive voice という考え方の間には、大きな隔たりがあるのではないでしょうか。いや、それらが結果的に同じ内容を指示するとしても、日本語の「書く」「書かれる」という見方と、英語の write、written という認識では、事態の眺め方、捉え方そのものに断絶があるのではないでしょうか。

これは少々込み入った話になりますので、やや後戻りになりますが、ここでもう一度、英語の文の構造を考え直してみたいと思います。

まず、これまで述べてきた内容をふまえ、英語の能動態の文を次のような三種類に分類してみます。

①何かが　どうする・どうである
（S）　（V）

②何かが　何かとして　ある・いる
（S）　（C）　（V）

③何かが　何かを　どうにかする
（S）　（O）　（V）

（O・O）
（O・C）

①は学校の文法で言うところの、いわゆる第一文型（SVの文型）、②は第二文型（SVCの文型）、③は第三、四、五文型（SVO、SVOO、SVOCの文型）です。

そして、受動態というのは、「何かが、何かによって、どうにかされる」という内容を表すのですから、「何かをする側」の行為者（subject＝主語）と、その行為の対象（object＝目的語）として「何かをされる側」の二者が必要になります。従って、これら①②③の型の中で、受動態が生成される可能性を含むのは、その二者両方が登場するもの、すなわち③型の文に限られます。

He（S） **wrote**（V） the book（O）.「彼がその本を書いた」

↓

The book **was written** by him.「その本は彼によって書かれた」

My uncle **gave** me the camera.「叔父が私にそのカメラをくれた」
S V O O

←

I **was given** the camera by my uncle.「私は叔父にそのカメラをもらった」

The camera **was given** (to) me by my uncle.「そのカメラは叔父によって私に与えられた」

Everybody **calls** him Jimmy.「誰もが彼をジミーと呼ぶ」
S V O C

←

He **is called** Jimmy by everybody.「彼はみんなにジミーと呼ばれている」

対象の側から行為を見る

繰り返し言いますが、英語の世界では、個々の存在物がそれぞれあらかじめの関係を持つことなく、ポツリポツリと静止して点在しています。その静止した世界に動きを与えるのが「主語」です。

先の三種の文型に即して考えると、「主語」が、能動的に何らかの動きを起こしたことを捉えるのが、①型の文です。また、「主語」を能動的主体として存在させた上でその具体性を指示し説明するのが②型の文です。そして、「主語」がその能動性を発動することによって、他の何らかの対象に対して影響（動き）を与えることを捉えるのが③型の文です。

つまり、英語においては、常に「主語」がその能動性を発動することによって世界に動きが生じます。静止していた対象物 object が、主語 subject として active になる（＝活性化する）ことによってはじめて、動的な世界が形成されるわけです。これは、言い換えれば、世界に生じる動きは、常にその原因を「主語」に求めることができるということです。

日本語の世界では、物事が「自然に」発生したり「自然に」消滅したりします。無生物主語の項で見たように、日本語においては、「自然に」腹が立ったり気分がよくなったりするのであって、たとえその原因が自身の外側にあっても、それらはしばしば自動詞的に表現されます。わたしたちは、自然に雨が降ったり暗くなったり寒くなったりする世界を、前提として無条件に与えられています。

それに対して英語の世界はゼロからスタートする静止した世界です。そこに何かを発生させたり消滅させたりするのは、常に「主語」の能動性です。英語においては、「自然」そのものさえもが人的な行為の対象なのであって、世界に生じる動きには必ず原因があり、その原因こそが主語なのです。逆に言うと、英語における主語というのは、世界に動きを与えることができる唯一の形態です。

例えば、これは高校英語の参考書などにもよく書かれていることですが、「驚く」「満足する」といったような〝感情〟や〝心理〟、「怪我する」「(事故・戦争等の外的要因で)死ぬ」といったような〝被害〟は、英語で表現すると、ほぼ百パーセント受動態になります。日本語では、「驚く」「満足する」という事態は自然発生的、つまり自動詞的に感じられ、そのように表現されますが、英語ではこれがbe surprised、be satisfied 等と受け身になるわけです。

これは考えてみればもっともな話で、わたしたちは自発的に自ら進んで「驚い」たり「満足し」たりはできません。驚いてみろ、とか、満足しなさいとか言われても、わたしたちは能動的に自らの感情や心理状態をコントロールするわけにはいかないはずです。驚いたり満足したりするには必ず何らかの外的な要因があり、それによって自分の意図とは関係なく「驚かされ」たり「満足させられ」たりするわけです。わたしたちは常に、自分の外側にある何かによって失望させられたり(be disappointed)、興味を持たされたり（be interested）しているはずです。同様に、「怪我する」「（事故や戦争等で）死ぬ」というのも、自ら進んで自動詞的に行う行為ではありません。何か外的な要因によって、不本意にも怪我させられたり（be wounded）死なされたり（be killed）するわけです。

ただ、英語においては、この「何かが」「何かを」「どうにかする」という動きが、世界の動きを全て説明します。感情・心理や被害に限らず、この世界に生じる動きは全てが主語によるものなのです。

そこで、もう一度、先の③型の文に戻って、受動態の成り立ちを考えてみましょう。

何かが　→　どうにかする　→　何かを
（S）　　　（V）　　　　　（O）

このように、英語の世界では、③型の形で発生する「動き」は全て、主語（S）が発生させた能動性（V）が対象物（O）に何らかの影響を与える、という動きです。そして、この型の文で用いられる動詞、すなわち他動詞は、必ずその能動性の到達点としての対象（O＝目的語）を必要とし、対象（O）を得て完成します。つまり、他動詞の能動性は、対象を捉え、対象に到達することによってはじめて「完了」するわけです。

例えば、He wrote... だけでは文は完結しません。この文を完成するには、wrote という能動性がどこに行きついたのかという、その行き先、到達点を指示する必要があり、wrote という能動性は、例えば the book という対象を得てはじめて「完了」するのです。

従って、この「SがOをVする」という現象を捉える場合、英語では「主語Sにおいて発生した動きVが、その対象Oに至る」と理解することができます。そもそもこれこそがSVOという語順になっていることの意味です。言い換えるなら、ここでは「Sが原因で、Oが結果」、あるいは、「Sが動きの発生する点で、Oが到達点」とも言えます。

要するに、主語Sは動きを発生させる点であり、目的語Oはその動きが「完了」する点です。Vという能動性は、Sで開始され、Oで「完了」するのです。はい、これでやっと「完了」につながりました。

例えば今の、

He wrote the book.「彼がその本を書いた」

という文においては、wroteという行為は、主語He「彼」において発生し、目的語the book「本」に到達します。つまり、「彼」Heは「書いた」wroteという行為とイコールですが、それを逆に対象oの側から見てみると、目的語the bookは、その行為が完了する位置にあるわけですから、writtenとイコールになります。the bookは、主語Heによる動作wroteという能動性の到達点としてされるがまま（passive）の対象物になっているだけであって、自ら動的（active）にwriteという行為と関わるわけではありません。それは、あくまでHeの行為の到達点に、その能動性が完了したwrittenの状態として「存在（be）」しているだけです。

前にもふれたように、目的語oは主語sの動作の対象にすぎません。vという動きは主語sが起こすものであって、oはsの能動性の対象としてピックアップされた客体でしかないわけです。従って、その目的語oを中心的テーマ（＝主語）に立てても、oはもともと動作vを発生させた張本人ではなく、sの動作の対象として「存在」しているだけですから、その後にくる動詞はbeでしかあり得ないということになります。oはただsの起こした能動性の到達点として存在しているだけです。つまり、先の文を対象o＝the bookの側から捉えると、「the bookはHeによる行為の到達点に、その行為が完了する点（written）として、存在する（be）」、

The book was ＝ written by him.

「その本の存在 ↓ 彼による動作writeが完了した結果」

ということになります。

何ともややこしい話になってしまいましたが、とどのつまり、英語のactive voice、passive voiceという対応は、わたしたちの「〜する」「〜される」という概念の対応関係とはずいぶんズレのあるものではないか、ということです。

先に見たように、英語の主語は、常に能動的な存在なのであって、そのことは受動態の文においても例外ではありません。そこにあるのは、同一の事象を、それを発生させる動作主の側から見るか、その動作の結果である対象の側から見るかという違いだけです。英語の受動態とは、動作が完了する点（対象＝O）を中心的テーマ（主語＝S）にすえて、世界の動きを、その流れと反対にさかのぼって捉えた表現と言えま

す（図3）。

また、さらに自動詞の過去分詞についても補足しておくならば、学校文法ではよく「自動詞の受動態は受け身ではなく完了を表す」といった説明がなされますが、このように考えれば、もはや「be動詞＋自動詞の過去分詞」が受動態と呼ぶべきものではないのは明らかかと思います。

He is ↓ going home.

「彼 ↓ 家に向かっているところ（進行中＝現在分詞）」

He is ↓ gone.

「彼 ↓ 行ってしまった（完了＝過去分詞）」

❶ 普通の流れ（能動）

He　wrote　the book.

彼が ► 書いて ► その本がある

❷ 逆から見た流れ（受動）

The book　was　written by him.

その本は ► ある ► 彼の「書く」という行為が完了した結果として

図3

完了時制

次は、完了時制で用いられる過去分詞です。まずはその基本を確認してみましょう。

完了時制は、「have＋過去分詞」という形で表され、通常次のように、完了・結果・経験・継続の四つの用法に分類されています。

① I have **finished** the work.〈完了〉
「私はその仕事をし終えた」

② I have **lost** my key.〈結果〉
「鍵をなくしてしまった」

③ I have **met** her before.〈経験〉
「私は以前彼女に会ったことがある」

④ **I have lived** here for three years. 〈継続〉
「私はここに三年間住んでいる」

現在時制は現在の内容を表し、過去時制は過去の内容を表します。それに対して、現在完了は過去の事柄を現在に関連づけて説明するものである、というのが一般的によく目にする説明です。

つまり、①完了の用法は、過去に行った動作が現在の時点において完了しているということ（仕事が完了している）、②結果の用法は、過去の事実が結果として現在に与えている影響（鍵をなくし、その結果、今現在鍵がない）、③経験は、今現在から見たこれまでの経験（今現在までに彼女に会ったという経験を持っている）、④継続は、過去から現在にまで至る連続的な状態（三年前にここに住み始め、現在まで住んでいる）、という指示内容を持っているとされます。完了時制に初めて接する高校一年生は、もうこの説明ですっかり混乱してしまいます。

しかし、歴史的な推移を見てみると、完了時制は、初めから英語にあった表現ではありません。例えば①のような文は、古英語においては、

I have the work finished.

のように表現されていました。

これは明らかに、いわゆる第五文型、SVOCのセンテンスです。そして、明らかに、ただの現在時制の文です。それが次第に、この過去分詞finishedが、目的語the workとではなく、主語Iと結びついて意識されるようになり、現在のような語順になったと考えられています。

このもともとの、

I have the work finished.
S V O C

というセンテンスは、「その仕事（the work）を、終わった状態（finished）として、所有している（have）」→「私はその仕事を終わった状態で持っている」といった形で「仕事の完了」を指示しています。そうやって改めて完了時制の文を眺めてみると、語順に異変がおきた現在の形においても、「完了」という意味内容を持つ過去分詞の属性は今なお有効であるように思えます。

ポイントは、このもともとの I have the work finished. という表現が、ただの現在時制であるということです。日本語にはもちろん存在しない完了時制という時制は、世界的に見ても英語に特徴的なものだそうですが、そんなものは元来、英語にもなかったことになります。現在完了とは現在時制であり、過去完了とは、ただの過去時制に他なりません。

そこで、先の四つの例文を、次のように捉え直してみます。そうすれば、完了・結果・経験・継続という複雑な分類も不要であることがわかります。

①I have finished the work.

「私は〈その仕事を終えた状態〉を所有している」

←「私はその仕事をし終えている」

②I have lost my key.

「私は〈鍵をなくした状態〉を所有している」

←

「私は鍵をなくしてしまっている」

③ I have met her before.

「私は〈以前彼女に会ったという事実〉を所有している」

←

「私は以前彼女に会ったことがある」

④ I have lived here for three years.

「私は〈ここに三年間住んだという事実〉を所有している」

←

「私はここに三年間住んでいる」

つまり、やっぱりここでも過去分詞は、動作・状態が完了していることを指示する語形であって、それが所有の概念を表すhaveと結びつくことにより、結果的に、文字通り「完了」を表したり、「結果」や「経験」、「継続」を表すようになったと考えられます。本来、過去分詞は動詞の形容詞形ですから、finished the workのように目的語をとることはできないはずですが、I have the work finished. がI have finished the work. に変わっていく過程の中で、目的語をとることができる性質のものと錯覚されるようになっていったのでしょう。

日本語との対比から、現在時制や過去時制という概念はすぐにわかっても、「現在に関連づけられた過去の内容」という指示内容を持つ現在完了時制は、わたしたちには非常に理解しづらい文法です。しかし、現在完了時制が実はただの現在時制であるという認識で考え直せば、やっかいな用法の分類や過去時制との区別も意識せずにすっきり納得がいくと思うのです。

現在完了が伝えるのは、あくまでも「現在の状態」です。今現在、仕事が終わっているのかいないのか、今現在鍵があるのかないのか。完了した事柄についてその「所有の有無」を述べることで、現在の状態がどうであるのかを問題にするのが、完了時制です。歴史の偶然から生まれたとは言え、使いこなせば実に便利な時制表現なのですが、それがなかなかわたしたちの身につかないのは、結局、完了した動作や状態を「モノ」のように所有する（have）というイメージの壁を乗り越えられないからなのかもしれません。

全く同じことですが、念のために確認しておくと、過去完了というのは、ただの過去時制です。

①I had finished the work.

「（その時点で）私は〈その仕事を終えた状態〉を所有していた」

←「私はその仕事をし終えていた」

②I had lost my key.

「（その時点で）私は〈鍵をなくした状態〉を所有していた」

←「私は鍵をなくしてしまっていた」

③ I had met her before.

「(その時点で) 私は〈以前彼女に会ったという事実〉を所有していた」

←「私はそれ以前に彼女に会ったことがあった」

④ I had lived here for three years.

「(その時点で) 私は〈ここに三年間住んだという事実〉を所有していた」

←「私はその時点でここに三年間住み続けていた」

5——句動詞への発展

語の組み合わせによるイメージの拡大

さて、動詞の章の最後として、語の組み合わせによるイメージの広がり、ということに少しふれておきたいと思います。

すでに見てきたように、英語の名詞が存在物としての「モノ」を即物的に指示するのと同様、動詞もまた動作や状態を即物的に指示します。boy が boy という存在物をモノとして捉えているのと同じように、eat という動詞は eat という行為そのものを純粋に指示するだけで、語自体は何ら付加的なイメージを持っていません。

ところが、それを日本語に置き換えようとすると、例えば boy なら「少年」「男子」「小僧」「ガキ」等々、eat なら「食べる」「食う」「いただく」等々、その訳語にたくさんの候補が挙がってしまい、それぞれの表現が指示するイメージの違いに、わたしたちはいちいち頭を痛めることになります。翻訳作業でもいちばん気を遣うのは、結局ここでしょう。

本書ではふれませんが、形容詞や副詞についても実は同様です。例えば、silent という英語の形容詞を日本語にしようとした場合、わたしたちはやはり場の状況に応じて、「静かな」「沈黙した」「森閑とした」「物音一つしない」……等々といった工夫を凝らしますが、英語では、silent 以外にはほぼ言い表しようがありません。いわゆる類義語とされているものも、実際にはそれぞれの使い分けがちゃんとあって、正しい英語感覚があれば、通常は適切な一つを選ぶことができます。つまり、英語では、形容詞や副詞もまた、「音が全くない様子」や、「楽しい様子」「悲しい様子」等々を、それ以外の付加的なイメージなく指示するものであり、日本語のように、凝った形容詞を工夫することで表現効果を上げるようなことはたいしてできないし、しようともしないのです。

日本人、とりわけ日本語に愛着の深い人は、よく「日本語は英語よりもずっと語彙が豊富で難しい」なんていうことを言いがちです。そして、それは実際そのとおりであるようにも思います。しかし、それじゃあ英語は日本語に比べて語の選択肢が少なくて、殺伐とした貧相な表現しかできない言語なのかというと、もちろんそんな単純な話にはなりません。例えば英語の動詞は、単独で用いられるだけではなく、前置詞や副詞と組み合わせ、句動詞として用いられることによってその用法を限りなく拡大していきます。英語において重要なのは、語の選択ではなく、語と語の組み合わせなのです。

日本語は、語自体が場の関係性を背負い込み、どの語を用いるかによって言葉のイメージが大きく左右されるために、言葉の適不適やレトリックの巧拙を、語の選択のレベルに大きく依存しています。日本語においては、状況に応じ、その場の関係性に応じて、多くの選択肢の中からどの語を選ぶかということが非常に大切になります。相手を「あなた」と呼ぶか「きみ」と呼ぶか、「おまえ」と呼ぶか「○○さん」と呼ぶかに始まり、「食べる」か「食う」か「いただく」か等々、日常の会話から文学に至るまで、日本語による表現の多彩さは、語の選択肢の多彩さによるところが大きいのです。

一方、英語は、「あなた」も「きみ」も「おまえ」もみんな you ですし、「少年」も「小僧」も boy、「食べる」も「食う」も「いただく」も eat でいいのですから、語の選択に迷うことはあまりありません。確かに、同じ状況を捉えるための語自体の選択肢が多いという点においては、日本語は英語を軽く凌駕《りょうが》しているかもしれません。

しかし、これは見方を変えれば、英語は一つ一つの語が即物的であるがゆえにその機能性がより明確であり、また、付加的なイメージを持たないという点においては、使用できる状況の範囲が広いということでもあります。そして、英語は、日本語のように語の選択のレベルにおいてではなく、こうした幅広い有用性を持つ一つ一つの語を効果的に組み合わせることによって、複雑な（気の利いた）表現を作り上げていくのです。日本語との対比において英語に特徴的なのは、この語と語の組み合わせによるイメージの拡大であり、特に句動詞による表現の多彩さはその典型といえるでしょう。

put down は「こきおろす」？

例えば、put（訳例「置く」）というたいへん意味の幅の広い動詞を、down（訳例「下へ」）という、これまたたいへん意味の幅の広い副詞と組み合わせることによって、put down「下に置く」という表現が可能になるわけですが、そこからさらにその連想・類推による、「着陸する」「書き記す」「けなす、こきおろす」等々、put down という表現はその意味をどんどん拡大していきます。

turn out が「（～であると）判明する」という意味で用いられるのは、「これまで見えていなかったものが、くるりと回って（turn）外側に出る（out）ことで見えるようになる」、という様子をイメージ化した表現でしょう。また、give up が「やめる」「あきらめる」の意になるのは、「何かを自分の所有の圏外に出す」ことを指示するgiveと、「上方への運動」を指示するupを組み合わせることによって、「何かを上方へポンと放り出してしまう」というイメージからの連想によるものです。そういう意味では、日本語の「投げ出す」「投げてしまう」といった表現に似たところがあるかもしれません。逆に、やめたりあきらめたりせず「続けていく」場合には、carry on（直訳「運び続ける」）という表現があります。つまり、carry onしていたものをgive upすると、「やめる」「あきらめる」になるわけです。

こうしたいわゆる句動詞には、辞書に載っていないような幅広い用法が、実際には無数にあるばかりでなく、時代はもちろん、地域や社会階層による違いもあり、また日々新しいものが生まれては消えていくものです。make out＝understand＝理解する、put up with＝tolerate＝耐える……等々、日本の受験生はこうした句動詞を山のように暗記し、涙ぐましい努力を重ねるわけですが、いくら努力したところで、最終的には丸暗記でこなせるようなものではありません。実際、make outには「理解する」だけでなく、「作成する」「見分ける、判読する」から、辞書を引いてみると「いちゃつく」といったような用法まで載っています。makeの「作る、作り出す」というイメージと、outの「外へ」というイメージが結びつき、「何かを混乱の状態から外へ出して、判読、理解できる状態を作り出す」という連想から、「見分ける」「理解する」等という意味で用いられるのだということが、イメージとして認識できなければ、ネイティヴの感覚を捉えているとは言えないわけです。

このように、例えば日本語を学ぶ英語話者にとって、「食う」か「食べる」か等の語の選択が気の遠くなるような果てしない難題であるのと同様、わたしたち日本人が英語を学ぶ際に大きな障害となるのは、こうした語の組み合わせによるイメージの広がりなのではないでしょうか。そして、何より注目しておきたいのは、こうした句動詞によるイメージの拡大が、「くるりと回って外側を向く」とか「上方へポンと放り出す」とかいったような、物理的、「モノ」的なイメージを根拠にしているという点です。ここでもやはり、わたしたちの理解を阻むのは、英語の「モノ」的な性質です。

中学・高校の六年間の英語学習を無事に乗り切ることができれば、文法上の約束事は十分すぎるくらい身につきます。しかし、それでもなお実際に使われている英語に対応できない理由の多くは、このような連想や類推によるイメージの拡大についていけないことだと思うのです。

結局、わたしたちは、make や take、get 等、意味の幅のたいへん広い基本的な動詞や、in、on、up、down等の前置詞、副詞が持つ指示イメージを正確に捉え、それらの組み合わせによるイメージの拡大に対応する訓練をするしかないのです。たくさんの英単語を覚えるよりも、まず数十程度の基本動詞をマスターすべきだといった趣旨の本がたくさん出版されていますが、確かに実際のコミュニケーション能力を高め英語的な感覚を養うには、それが正しい方法なのでしょう。

英語の動詞が「モノ」的であり即物的な指示内容を持つということ、そして、それが他の前置詞や副詞と結びつくことでその指示イメージをどんどん拡大解釈し、推理と連想、類推、比喩《ひゆ》から表現の多様性を獲得していくという点こそが英語のおもしろいところであり、また難しいところでもあるわけです。

第４章　前置詞がわからない

句動詞と並び、わたしたち英語学習者にとって最大の難敵の一つとも言えるのが、前置詞の使い分けではないでしょうか。何年、何十年と勉強していても、in なのか on なのか、それとも at なのか with なのか、常時百パーセントの自信を持って判断できるようになることは、ほぼ不可能ではないかとさえ思えます。いったい前置詞の本質とはどこにあるのでしょうか。

本来、英語では、名詞と動詞さえあれば、日本語のように助詞の助けを借りずとも、「リンゴがある」「私は野球をする」といったようなシンプルな表現は可能です。言語全般、とりわけ英語において重要なのは、何と言っても名詞と動詞です。

しかし、「テーブルの上にリンゴがある」といったように、モノとモノの位置関係を指示しようとする場合には、それ以外の指示記号がどうしても必要になってきます。それを可能にするのが前置詞の役割です。

例えば、an apple on the table「テーブルの上のリンゴ」という表現において、

on という前置詞は、an apple というモノと the table というモノの位置関係を説明しています。同様に、I play baseball after school.「私は放課後に野球をする」なら、after は I play baseball という動作と school の時間上の位置関係を説明していると言えます。

英語は一つ一つの単語を並置していくことで意味を作り出すわけですが、複数のモノがある場合には、それらがどのような位置関係にあるのかを示す記号が必要になります。そうした記号こそが、前置詞であると言ってよいでしょう。

そしてそれは、リンゴとテーブルのようなモノとモノの位置関係だけにとどまらず、抽象的な概念や動作、状態等へと指示イメージを拡大していきます。

例えば、You are always on my mind. と言えば、「いつもきみのことを想っている」といったくらいの意味ですが、英語の表現に即して直訳すれば、これは、「あなたはいつも私の心にくっついている」というセンテンスです。つまり、物理的なイメージの中で、you are「あなたという存在」と、my mind「私の心」という二つのモノの位置関係を示し、そのイメージによって「いつもきみを想っている」という「意味」を作り出しているわけです。

このように前置詞は、英文の生成において決定的に重要な役割を担っており、また、英語という言語のモノ的な性質をたいへんわかりやすい形で体現しています。

　これまで何度も繰り返してきたように、英語においては、名詞も動詞も、全てがモノ的です。そして、全てがモノ的であるということは、その観念の操作において、全てを具体的な存在物のように、物理的、空間的なイメージに投影、転写しやすいということを意味します。それこそが英語という言語の重要な本質の一つであり、英語がモノ的な言語であるということが意味するところです。

　前章でふれた句動詞の表現においても、動詞が副詞と結びつくことで、give up「あきらめる」、put down「こきおろす」等の意になるのは、まるでそれが具体の存在物であるかのような物理的イメージへの投影によるものだということを見ました。同様に、英語が、実際の具体的な存在物だけでなく、抽象的な概念や動作、状態等、目に見えないものまでをも、物理的、空間的、つまりは視覚的なイメージに投影していく上で重要な役割を担うのが前置詞です。

　わたしたちは、前置詞には多様な使い方があるがゆえに理解が難しいと錯覚しがちですが、実際はそうとばかりも言えません。確かに、例えば、『オーレックス英和辞典』でonを引いてみますと、その前置詞としての意味は、実に一九に分類されています。しかし、すでに第一章でtakeの例を見たのと同様、英語の母語話者は、決してonの用法をそのように多岐に分類して理解しているわけではなく、彼らの前置詞理解はおそらくはるかにシンプルで直感的なものであるはずです。そのネイティヴの理解を共有できないのは、つまるところ、やはり世界の見方、眺め方を共有できないからに他なりません。英語が、前置詞を用いて、抽象概念までをも空間的なイメージへと投影していく、その投影の仕方がわたしたちにはよくわからないわけです。わたしたちには、あるモノがあるモノの内部（in）にあるように見える。それを英語話者は、表面（on）にあるように見ている。そのようなねじれが生じる際に、わたしたちは前置詞を「間違える」のでしょう。

以下、最後に、そのような前置詞の基本的な指示イメージと、そのイメージが拡大していく様子を見ておこうと思いますが、何せ前置詞の種類と用例は膨大です。ここでは、もっとも基本的で使用頻度の高いin、at、onの三語にしぼって、その用例のごく一部を概観するにとどめたいと思います。

1――前置詞の指示イメージ

inのコアイメージ

まずは、これらそれぞれの語が指示する中核的なイメージを確認しておきましょう。

前置詞inは、想定された空間や領域の「内部」に位置することを指示するのがその基本的なイメージです。学校英語では、「手段のin」「材料のin」「従事のin」「着用のin」……などとさまざまに分類することがありますが、実際にinを使いこなすには、可能な限り基本的なイメージ一つに集約してしまうべきです。A in Bという形で、空間的、領域的なイメージをもって認識されるBというモノの中、内部にAというモノが位置していることを表す。それがinのコアイメージです（図1）。

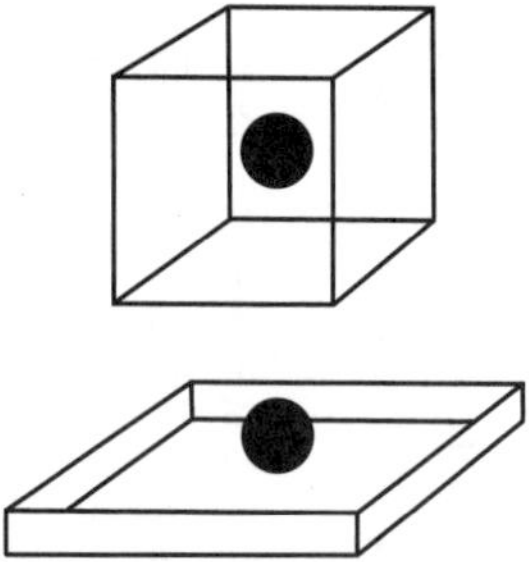

図1

apples **in** the box「箱の中のリンゴ」
children **in** the park「公園にいる子供たち」
men **in** black「黒服の男たち」

まずはこうした具体的な存在物でそのイメージを視覚化してみてください。

リンゴが箱の中に入っていたり、子供たちが公園の敷地内にいたりするのはすんなり納得がいきますが、衣服の着用においても、人がその内部にある、衣服に包まれていると捉えているのがおもしろいところで、早くもこの時点で英語話者と日本語話者における視点の違いが現れているのがわかります。

もう少しイメージを広げてみましょう。

There is something childish **in** him.「彼にはどこか子供っぽいところがある」

I have found a friend **in** him.「私は彼と友だちになった」

例えばこれらは、いずれも「彼の内部には何か子供っぽいものがある」「彼の中に、友だちを見出した」の意で、in him が彼の内面を指示しています。him というヒトが場所のようにイメージされ、その内部に「子供っぽいもの」や「親しみを感じる存在」があると見ているところが、わたしたちにはわかりにくいポイントかもしれません。

さらにこれを、抽象概念へと拡大してみます。

He is lacking **in** common sense.「彼は常識に欠けている」

（彼は common sense「常識」という領域の範囲内において lacking である「欠けるものがある」）

That tower is 100 meters **in** height.「あの塔は高さ一〇〇メートルです」
（「高さという尺度」「高さの点から計測した世界」の中において、あの塔は「一〇〇メートルである」）

He fell **in** love with her.「彼は彼女に恋をした」
（彼は love「恋愛状態」の中に入った）

いずれも「常識（common sense）」や「高さ（height）」、「恋愛（love）」といった形のない抽象概念が、場所、領域としてイメージされ、その内部にあるという空間的な指示イメージによって図式的に意味を作り出しているのがわかります。

また、in が時間を表す場合も同様です（図2）。in は何かの内部にあることを示すわけですから、**in** the 21st century「二十一世紀に」、**in** 2014「二〇一四年に」、**in** March「三月に」、**in** the morning「午前中に」……等々のように、ある程度幅のあ

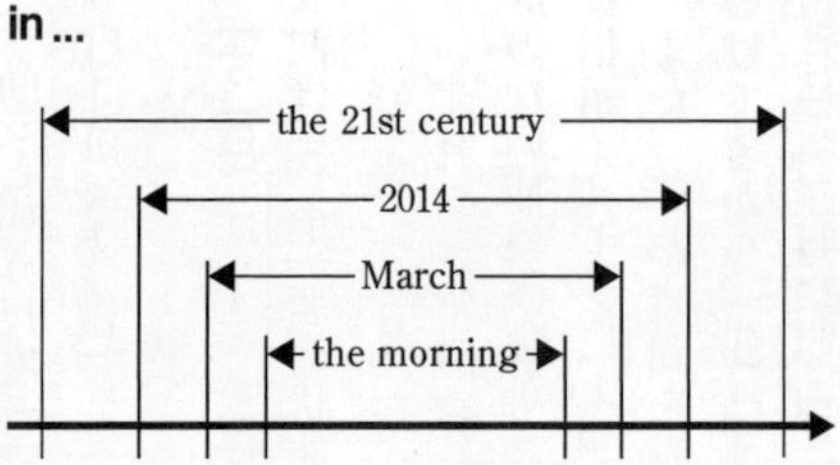

図2

る期間に用いて、その内側にあることを指示しています。

at のコアイメージ

それに対し、at は空間内、時間内の「一点」を指示します。

例えば、「駅で彼女に会った」と言う場合は、通常、

I met her **at** the station.

という表現になります。日本の生徒はよく、I met her **in** the station. という書き方をしてしまいますし、これもあり得ない表現ではないでしょうが、その含意としては、「(駅の外ではなく) 駅の構内や、駅ビルの内部で会った」ということを特に強調する表現になり、通常の文脈の中ではあまり耳にしない言い方になってしまいます。自然な文脈では、東京駅や新宿駅のようなよほど大きい駅でなければ、その中にいる (in) という捉え方にはならないでしょう。

駅で会うのがat the stationになるのは、駅以外に学校やホテルやレストランや銀行等々、いろいろな場所がある中で、他の選択肢との対照において「地点」としての駅を抽出しているからです（図3）。このような「点の抽出」こそが、atの基本的な指示内容です。

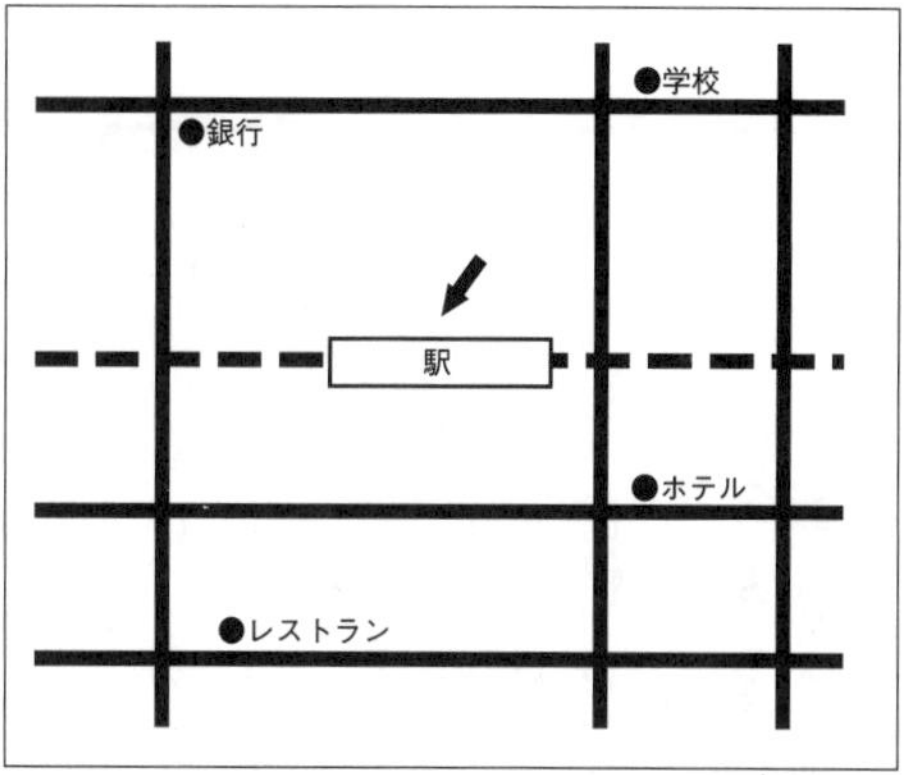

図3

例えば「私は名古屋に住んでいる」という場合、名古屋というのは一つの領域であり広さのある空間であって、その中にいるというイメージですから、英語では当然、I live **in** Nagoya.と、inを用います。ところが、新幹線に乗りますと、のぞみ号が名古屋駅に停車する前のアナウンスを、英語ではWe'll soon make a brief stop **at** Nagoya...と言っているのに気づくと思います。これは、図4のように、名古屋が領域としてではなく、地点として認識されているからです。inかatかは、その場所の実際の面積によって決

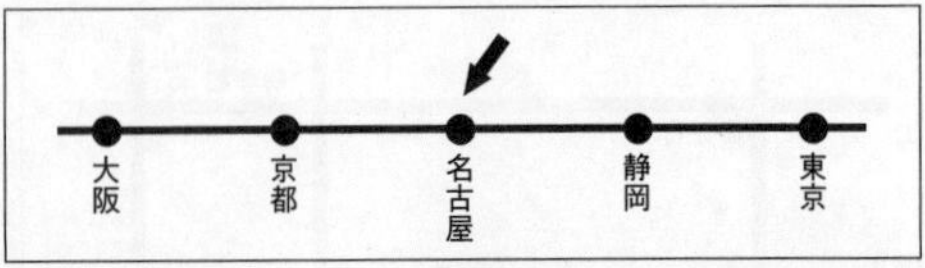

図4

定するのではなく、あくまでもそのイメージのされ方によって選択されるわけです。

atは、その場の空間的な広がりやその場での在り方を問題にするのではなく、複数の選択肢や連続的な点の集合の中から、一つのポイントに「点」としてフォーカスするのがその基本的なイメージです。そして、そうした「点の抽出」をもとに、atはその指示範囲を広げていきます。

例えば、点を抽出することで、「目標」や「標的」を指示するのは、比較的わかりやすい用例の一つでしょう。

Look **at** me.「私を見なさい」
(look「視線を向ける」という動作の対象となる「点」を指示)

He aimed his gun **at** the target.「彼は銃を標的に向けた」
(aimed his gun「銃を向ける」という動作の対象となる「点」を指示)

そして、こうした「点」を抽出するイメージが抽象概念に適用されると次のような表現が可能になっていきます。

He is good **at** English.「彼は英語が得意だ」
（英語や数学、音楽や美術、スポーツ等々、種々の活動の中で、彼は English の点において good である）

I'm **at** work now.「今、仕事中です」
（食事、仕事、休憩、就寝……等と続く一日の行動の中で、現在「仕事」の点にいる）

This train can run **at** the speed of 200 kilometers an hour.「この列車は時速二〇〇キロで走ることができる」
（ゼロから最高速度までの段階的な点の集合である speed という概念の中の、時速二〇〇キロの点において）

これらはいずれも、全体の中から一つの「点」を抽出するような視覚的、図式的イメージによって意味を作り出していることがわかると思います。

また、時間に応用される場合も同様で、at は、at nine、at noon、at midnight... のように、連続的に流れている時間の中のある一時点を抽出します（図5）。ちなみに at midnight は「真夜中に」と訳されることが多いので、違和感があるかもしれませんが、midnight は本来「夜中の十二時」を指す語です。日本語の「真夜中に」は、正確には in the middle of the night に相当する表現と言えます。

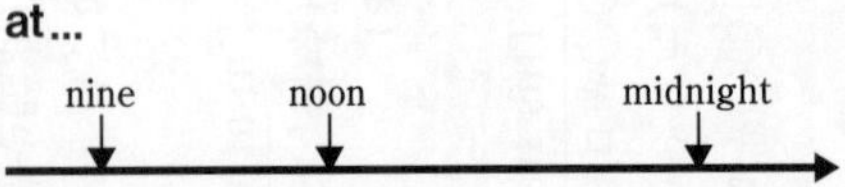

図5

on のコアイメージ

on に充てられる典型的な訳語は「〜の上に」かもしれませんが、実際に on が指示するコアイメージは、何かの「表面との接触」です。on は off の反意であって、A on B という形で、BというモノにAというモノが接触している状態にあることを指示します。例えば電化製品を作動させるにはスイッチを on にしますが、あれは金具と金具を接触した状態にするから on なわけです。

従って、それは必ずしも「〜の上」である必要はなく、表面であれば、側面であっても底面であっても構いません（図6）。次のような用例からも、それは明らかです。

an apple **on** the table「テーブルの上のリンゴ」
a picture **on** the wall「壁の絵」
a fly **on** the ceiling「天井のハエ」

この「表面との接触」を原義にして、onはそのイメージを拡大していきます。中でも使用頻度の高いのは、「何かにのっかっているイメージ」「依存しているイメージ」や「何かに支えられているイメージ」でしょう。

表面に接触している状態というのは、地球に引力がある以上、側面や底面に接触したまま静止するにはそれに逆らう力が必要なわけですから、やはり何かの「上」にのっかっているのが通常の状態です。onを「〜の上に」と覚えても比較的差し支えないですむのは、実際の接触が「上面」であることが多いからでしょう。

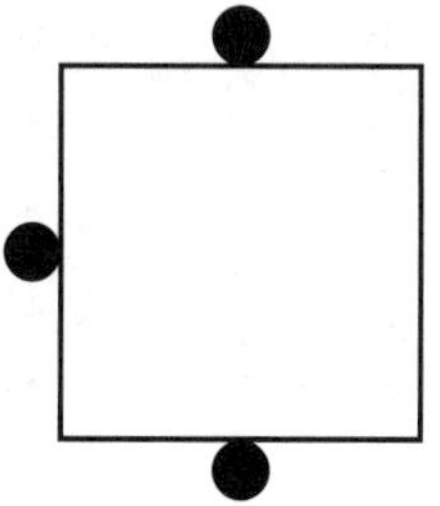
図6

従って、onが「何かにのっかっているイメージ」、そして「支えられているイメージ」へとつながっていくのはごく自然なことと思えます。

例えば、電車やバスに乗るのは、get **on** the train、get **on** the busですが、車に乗るのはget **in** the carが普通です。電車やバスのような公共の乗り物は規模が大きく、その中にいるというよりはそれに乗せてもらって移動するイメージですが、自動車は一つの空間として捉えられ、その内部に入るというイメージが強いからでしょう。

さらに、何かの上にのっかっているというイメージ、支えられているというイメージは、容易に「依存」のイメージへと発展します。必ずしも上面にのっからずとも、大きなサメに貼り付くコバンザメのように「接触」し続けていることが、寄り添って「依存」しているイメージに結びつくのは自然なものと言えます。depend on…「〜に頼る」、rely on…「〜を信頼する」、count on…「〜をあてにする」といった表現におけるonは、まさにこうした依存のイメージによる用例です。

このように考えてみると、英語では「頼る」とか「あてにする」といった表現さえもが、物理的なイメージに依拠していることに気がつきます。例えば英語でChildren depend on their parents.「子は親に依存している」といった場合、

children が parents にのっかったり寄り添ったりしているという、物理的、視覚的イメージが根拠になっているわけです。

何かと接触したり、それゆえに、何かにのっかったり、支えられたり、依存したりしているというこのイメージを念頭において、もう少し例を見ておきましょう。

He is **on** duty.「彼は勤務中です」
(duty「職務」に接している状態。離れていれば off duty「非番」となる)

Get down **on** your hands and knees.「四つん這いになれ」
(hands「両手」と knees「両膝」が地面と接触し、身体が両手両膝に支えられている状態)

Some people live **on** less than a dollar a day.「一日一ドル未満で暮らす人もいる」
(生活を、一日一ドル未満のお金に「依存している」)

では、時間を表すonはどうでしょうか。

onが時間に用いられるのは、on Monday「月曜日に」、on March 20th「三月二十日に」……等々、特定の曜日や日付を表す場合です。曜日や日付のonというのは、inやatに比べると、わたしたちにはイメージ化するのが難しいように思えますが、曜日や日付という概念の性質をよく考えてみれば、なんとなくわかる気がしてきます。

つまり、「午前中に」とか「二〇一四年に」とかいった場合には、図2（一五八ページ）で見たような、連続的に認識される時間の流れの中の、夜中の零時から昼の十二時まで、とか、元旦から大晦日まで、とかいった幅のある期間がイメージされますが、「月曜日に」や「三月二十日に」となるとそうではありません。Monday「月曜日」という区切りは、確かに日曜が終わった深夜零時から二十四時間後の零時までの幅がありますが、それよりも曜日や日付で通常意識されるのは、例えばカレンダーで見るような、一つ一つがはっきりと独立した単位です（図7）。この一つ一つの曜日や日付に接しているイメージでonが用いられるのでしょう。

また、「午前中に」であっても、「三月二十日の午前中に」「月曜の午前中に」と特定の日付が指示されると、**in** the morningではなく、**on** the morning of March

20th、**on** Monday morningと、onが用いられますが、これも同様に、幅のある期間としての午前中ではなく、特定された日付、曜日の方に意識が傾くためであると考えられます。「三月二十日の午前中に」という言い方は、任意のある日の午前中ではなく、三月二十日の午前中であることに通常は意味の重点があるわけです。ただし、さらに付け加えるならば、「三月二十日の朝早くに」だと、early **in** the morning of March 20^{th}と、またもや再びinが一般的になります。この場合は、日付そのものよりも、「午前の中の早い時間」であることが話題の中心になることが多いからでしょう。

sun	mon	tue	wed	thu	fri	sat
1	2	3	4	5	6	7
8	9	10	11	12	13	14
15	16	17	18	19	20	21
22	23	24	25	26	27	28
29	30	31				

図7

つまり、やはり最終的には、日付だからon、午前中だからin、と丸暗記で対応できるものではなく、そのイメージのされ方、意識の向き方によって前置詞が選択されているということです。

さて、以上、in、at、on の基本的な指示イメージをごく簡単に概観しました。このように前置詞は、モノ的に認識されるその前後の語や句の位置関係を示すものですが、前置詞に限らず、そもそも英語話者の観念操作は、日本語話者のそれに比べると、こうした空間的イメージへの投影に依拠する部分がかなり大きいのではないかと私は想像しています。それゆえに英語の論理は日本語に比べて簡明、明解で、図式的な組み立てが容易なのではないかとも思います。そして、その物理的イメージの構築において、前置詞はなくてはならない重要な役割を果たしています。

また、前置詞で始まる句が結果的に後置修飾として機能するという事実が、これまで見てきた英語の遠心的な世界の成り立ちをしっかり表現しているということもここで付言しておきたいと思います。例えば、an apple on the table「テーブルの上のリンゴ」の on the table という前置詞句は、an apple に後置され、後ろから an apple を修飾します。従って、英語の an apple on the table という言い方は、まず先に an apple を捉え、その後にそれがのっかっている the table が遠心的に認識されるという語順になっています。

一方、日本語で「テーブルの上のリンゴ」と言う場合、先に場としての「テーブル」が出現、認識され、その後に求心的に「リンゴ」が発見されていくことになります。つまり、ここでもやはり英語は主題を先に把握した後に遠心的に世界を組み立てていくのに対し、日本語はそれを取り巻く世界、場を先に設定した上で求心的に主題にアプローチしていくわけです。

Children depend on their parents.「子は親に依存している」というセンテンスでは、英語では their parents「親」が現れる前に、主題である children「子」が depend「依存している」という状態を先に表現します。これはあくまでも children について語っているセンテンスであり、「子は依存している（親に）」という語順によって、あくまでも children が subject＝中心的テーマであることがはっきりと示されています。逆に日本語では、「子供」と「親」の両方が先に現れ、その上で、両者の関係が語られるという語順になっているわけです。

いずれにせよ、英語の前置詞は、「〜の中に」とか「〜の上に」といったような日本語との対応関係で覚えようとすると、どうしても網羅的に分類するやり方になってしまいますから、できる限りは図で示したような視覚的なイメージでその指示内容をシンプルに捉え、そこからの類推によって意味にたどり着くよう心がける意識が肝要です。近年は、こうしたコアイメージをビジュアルに図示して前置詞を解説する辞書や文法書が増えてきたのもたいへんありがたい傾向です。

とは言え、それだけで前置詞が使いこなせるようになるのならば、もちろん誰も苦労はしません。前置詞の指示イメージは、わたしたち日本語話者には想像もつかないような方向へさらに拡大していくのであり、最終的にはその一つ一つに慣れていくしか方法はない。詰まるところはどのみち網羅的に検証していくしか方法のないもののようにも思えます。

次節では、そうした、特にわたしたちのものの見方と相性の悪い前置詞表現の一端を例に挙げてみたいと思います。

2──指示イメージの拡大

in、at、on の使い分け

例えばわたしたちは、「昨日川へ泳ぎに行った」などという中学生レベルのごく単純な英作文でも、すぐに間違えてしまいます。

× We went swimming **to** the river.
○ We went swimming **in** the river.

「川へ泳ぎに行く」という内容を、日本語話者は通常、「泳ぐために・川へ行く」という意味合いで捉えます。「川へ行く」のだから、**to** the river だ、とついついやってしまう。しかし、現実には英語の表現はそうはなっておらず、「川で泳ぐ swimming **in** the river」という目的に向かって「行く」という捉え方をするわけです。「川で泳ぐ」ならば in を用いるのは当たり前とわかるのですが、「川で泳ぐ・に・行く」という文節の仕方は日本語の発想では出てきません。

つまり、ここで to や in の指示内容は何らブレているわけではなく、この場合、「泳ぎに行く」と go swimming の視点の違い、事態の眺め方の差異が、わたしたちの間違いを生み出しているわけです。このように、前置詞の「間違い」は、前置詞そのものの難しさというよりは、むしろその前後に原因があることが多いように思えます。

以下、わたしたちにとってやっかいだと思われる前置詞の使い分けをいくつか見てみましょう。

① The house is **on** fire.

② The house is **in** flames.

例えば、「家が燃えている」という状況を表現するのに、これら二つはいずれも正しい英文です。

ところが、①のように fire だと前置詞が on なのに対して、②のように flame だと in になる。ネイティヴにとってはどうということのないこうした些《さ》細《さい》な違いが、わたしたちにとっては大きな疑問になるわけです。

しかも、fire は不可算の扱いを受けて無冠詞ですが、flame は可算名詞として語尾に複数の -s を伴っています。ほとんど同じことを言っているように思えるこの二つのセンテンスが、細部をよく見るとなぜこんなに違っているのか。わたしたち英語学習者にとって最終的にいちばん頭が痛いのは、こうした違いではないでしょうか。

こういった場合も、わたしたちは on や in の用法が複雑なのだと錯覚しがちですが、おそらくこのケースについては、その後にくる名詞の性質に対する私たちの理解が不十分であることが原因で、やはりネイティヴの意識としては、on や in の用法にブレがあるわけではないと思われます。つまり、fire（火）と flame（炎）の性質の違いが、その前に現れる前置詞の違いになって表出しているわけです。fire は定形を持たず、従って一つ二つと数えるための区切れ目、輪郭がない性質のものなので不可算の扱いを受け、また、可燃物の表面（on）につくものと見られているのでしょう。

それに対して、flame（炎）は、ものが燃えるときに立ち上がる一つ一つの火炎を指示するものであり、従って数えることも可能で、また、表面につくのではなく、何かをその内部に（in）包み込んでしまう性質のものとイメージされているのだと思います。結局、その違いがよくわからないためにわたしたちは戸惑うわけです。

前節に挙げた例の中にも、並べてみると簡単には納得のいかないものがあります。

③ I'm **at** work now.　「今、仕事中です」

④ He is **on** duty.　「彼は勤務中です」

③のように work だと at なのに、④のように duty だと on。これもやはり同様に、問題は at や on ではなく、おそらく work や duty の方にあります。

workは「仕事」で、日々の活動の中では、睡眠や休憩や食事などと並列になる概念なのでしょう。それゆえ、例えば、朝食↓出勤↓仕事↓休憩↓仕事……といった一日の流れの中において今「仕事」の点（at）にある、という言い方がなされるのだと思います。

一方、dutyは「職務」ですから、それに「就いている（on）」か「就いていない（off）」かという二者択一の問題になる。そのように考えてみれば、整理はつきます。

つまり、ここでもやはりわたしたちが注意を向けるべきなのは、atやonではなく、その後にくる名詞の指示内容です。

さらに別の例も見てみましょう。

⑤ I feel **at** ease with her.「彼女といると気分が和む」

⑥ He lives **in** comfort.「彼は悠々と暮らしている」

⑤のようにeaseならat、⑥のようにcomfortならinです。

at easeは、地点を示すatのイメージですから、考え方は先ほどの③と同様です。一日のうちで、いらいらしたり落ち込んだりするときもあれば、嬉しくなったり興奮したりするときもある。そうした気分の変動の中、ease「くつろぎ」「安楽」のポイントにいるというイメージで、この成句はできあがっているのでしょう。

一方、in comfort は「悠々と」「楽々と」「快適に」といったような意味合いの成句です。comfort「快適さ」「安楽」に包まれている図式的イメージで理解されているのがわかります。

⑦ She drew the picture **in** pencil.「彼女はその絵を鉛筆で描いた」

⑧ She played Bach **on** the piano.「彼女はピアノでバッハを弾いた」

これらは日本語話者が特に苦手とする前置詞の使い方ではないでしょうか。通例、「～で」という「道具」を表す前置詞は with ～であると学校では習います。実際「鉛筆で描く」は、鉛筆を可算名詞として扱えば、draw with a pencil ですし、⑦とほぼ同様の意味で She drew the picture with a pencil. とも言えます。

しかし⑦の例は、pencil を不可算名詞として扱っています。前置詞に in が用いられるのは、in this way「このような方法で」、speak in English「英語で話す」、といった場合の in と同様で、これらは、「やり方・様式・方式」などを表していると考えれば比較的理解のしやすいものです。

何かをするには、幾通りかのやり方、方法が考えられます。話す（speak）にも、英語で話したり日本語で話したりドイツ語で話したりと、いくつものやり方、様式があるわけです。絵を描くのも、鉛筆、インクなど、いろんな方法が考えられ、鉛筆画や水彩画、油彩画等さまざまな様式があります。その内の、いずれか一つの方法を採用して、その様式の中で、話したり描いたりしている。そのように理解し直してみれば、なるほどここで用いるべき前置詞は、in 以外には思い当たりません。in pencil の pencil は、一本一本の筆記具としての鉛筆ではなく、黒鉛を使用した画材、絵を描く際の材料、様式としての鉛筆を指示しているから無冠詞となるわけです。

かたや、⑧はどうでしょうか。道具は、cut with a knife「ナイフで切る」、strike with a hammer「金槌で打つ」のように、with を用いるはずなのですが、ピアノで弾く場合はどういうわけか on になる。

どうやらこれは、わたしたちが「道具」と考えているもののサイズに関係がありそうです。前置詞 with は、A with B という形で、AにBが伴っていることを表します。伴っているだけですからそこには主従の関係があって、あくまでも主役、本体はAであり、Bは添え物です。ですから、人がナイフやハンマーを扱っている場合は、主体である人間がナイフやハンマーを伴って切ったり叩いたりしているように見る。それゆえ道具は with を用いて表現されるわけですが、ピアノを弾いたりするとなると、ちょっと主従のバランスが判断しにくくなるのでしょう。それは、人がピアノを「伴っている」とは見なされず、人がピアノに「接している」と認識されるようです。

ちなみに、パソコンくらいだとそのあたりの判断が微妙になってくるようで、「パソコンで論文を書く」場合、write an essay **with** / **on** a personal computer と、with、on いずれの用例も見当たります。デスクトップの大きなパソコンならば on と言いたくなるけれども、小型のラップトップであれば with が思い浮かぶのかもしれません。

こうやって見てみると、英語はヒトとモノの関わりを実に客観的、物理的に観察していることに驚きます。日本語の「〜で」は一様に手段や道具全般を表すことができますが、英語は扱う「モノ」の在り方やサイズに非常に繊細に反応します。そこを理解しないかぎり、わたしたちは前置詞を間違え続けるのかもしれません。

前置詞が表す細部のニュアンス

クリストファ・バーナード氏の『日本人が知らない英文法』（河出書房新社）の中

で、興味深い例を見つけました。

⑨ He hit me **on** the chest.　「彼は私の胸を殴った」

⑩ He hit me **in** the stomach.　「彼は私の腹を殴った」

人の胸を殴る場合は⑨のように**on** the chestと表面を殴りますが、腹部になると、⑩**in** the stomachと、内部に食い込んでずいぶん痛そうです。もちろん、同じ腹部であっても、さすってもらうのならば、He stroked me **on** the stomach. と表面の話で、内側まで食い込むことはありません。

また、口もとを殴る場合、He hit me **on** the mouth. は比較的軽傷かもしれませんが、He hit me **in** the mouth. になるとこぶしが口の中まで達していることを示唆し、強いパンチがまともにヒットしている様子が目に浮かんでずいぶん痛そうです。

英語はかくもモノの在り方や形状、その物理的なたたずまいに敏感なのですが、こうしたことが、前置詞のわずかな使い分けによって表現されているということを、わたしたちは普段の英語学習の中でなかなか意識することができません。inなのかonなのかという選択は、それが「正しい」かどうかだけでなく、なぜそれが選択されているのか、その結果、どのようなイメージが描かれているのか。そこにたどり着くのが日本語話者には非常に困難である場合が多いわけです。

もっとも、ネイティヴ同士でも意見が分かれることもしばしばです。

⑪ I met him **in** the street.「通りで彼に会った」

⑫ I met him **on** the street.「通りで彼に会った」

「通りで」と言う場合、in the street なのか on the street なのか。

一般に、前者はイギリス英語、後者はアメリカ英語であるとよく言われます。何百年も前から両側に建ち並ぶ石の建築物に囲まれたイギリスの street と、広大な土地に広々と伸びているアメリカの street の違いを思い描いてみれば、それも納得がいくような気がします。イギリス人は、street を何かに囲まれた空間、領域と見なす一方、アメリカ人は、そのエリア一帯ではなく、路面、路上であることにフォーカスする場合が多いために生じる傾向だと思われます。

ただし、それではイギリス人は on the street とは言わないのか、アメリカ英語には in the street はないのかというと、もちろんそんなことはないわけで、実際の使い分けはもっとずっと複雑で流動的です。

例えば、アメリカ英語でも、

Don't walk **in** the street. Walk **on** the sidewalk.「車道を歩いてはいけません。歩道を歩きなさい」

といった言い方をしますが、つまり、アメリカ英語で in the street と言った場合は、特に車道、まさに通りの「中」を指示することがあります。ところがそうかと思えば、同じ車道でも、車が走るのであれば、drive on the street と言うのが普通です。これは、人が、本来歩くべきでない車道に入り込んでいる場合、その危険な範囲、領域の内部に入ってしまっているという意識が強くなるのに対し、車が車道を走るのは通常の状態ですから、その違いが前置詞の選択に表れていると考えられます。

また、

He lives **on** Baker Street.「彼はベイカー通りに住んでいる」

という場合は、イギリスもアメリカも関係なく on ですが、これは通りに「接して」いる、まさに接触の on でしょう（ちなみに、番地を指定すれば「地点」になりますから、He lives **at** 221B Baker Street. と、at になります）。

つまり、ここでも前置詞の使い方自体はシンプルで、その都度のイメージのされ方によってinやonが使い分けられていることに変わりはありません。イギリス英語とアメリカ英語の用法に差があるとしたら、それは、streetに対するイギリス人とアメリカ人のイメージの違いであると考えるべきでしょう。いろいろな住居や店や施設があり、たくさんの人々が行き交ってさまざまな活動が行われる、そのような公的空間としてstreetを認識した場合、そこは一つのエリア、領域として把握されるでしょうし、単なる路面、路上であるということに意識が傾けば、何かの内部にいるという認識ではなくなるわけです。

前置詞は英語に不可欠

以上、思いつくままに例を挙げてみましたが、こうした例は枚挙にいとまがなく、前置詞表現の多彩さはいくら勉強してもきりがありません。

そして、こうして見てみるとどうやらやっかいなのは、前置詞そのものよりも、どちらかと言うとその周りであることがわかってきます。結局、わたしたち日本語話者は、ネイティヴが個々の状況を見つめる、その見つめ方がわからない。「モノ」を見つめる、その見つめ方がわからないわけです。その視点のズレが前置詞の用法への違和感となって発現しやすいということでしょう。だからこそ、これは逆になおさらやつかいな問題なのであって、やはり前置詞の使い分けはわたしたちにとって永遠の課題なのかもしれません。

おそらく英語話者の前置詞の捉え方は相当に端的なものでしょうから、前置詞の理解としては、なるべくその中心的なイメージを正確に捉え、それが拡大、応用されていくパターンに慣れていく。そして、不可解と思われる用例に出会ったときは、前置詞自体の指示内容よりも、その前後の表現や、センテンス全体の事態の把握の仕方、つまりは英語話者の世界の眺め方そのものに考えを巡らせてみるのがいいのかもしれません。

はじめから関係性が与えられている日本語の世界とは異なり、英語はゼロの状態の中に一つ一つモノを置いていく、存在させていくことから始めます。日本語が静的な言語であるのに対し英語は動的な言語だとよく言われるのもそのためです。英語は無の中に動きを発生させることから世界を把握していくからです。

従って、一つ一つのモノがどこに置かれるのか、置かれたモノがどのような様子で、互いにどのような位置関係にあるのかを示す前置詞は決定的に重要であり、前置詞があることによって初めて英語は世界を立体的に捉えることができるのです。英語が「コト」ではなく「モノ」を捉えたということが、必然的に物理的イメージへの投影による世界認識を生み、そうした英語のモノ的な性質こそが、必然的に前置詞を必要としたのです。「コト」ではなく「モノ」であるということは、常にその位置関係やありようを問題にしなければならないということに他なりません。そうした意味で、前置詞は、英語のモノ的な性質を明確に浮き彫りにしているのです。

日本語話者がどれだけ努力を重ねても前置詞をマスターしきれないのは、とどのつまり、わたしたちには世界をモノとモノの関わりとして認識、把握していく視点や発想がどうしても身につかないからではないでしょうか。

あとがき

本書で繰り返し見てきたように、日本語の自己とは相対的な自己であり、相手の立場や他者の視点、過去や未来へと、対象を得るたびにその立ち位置を変えて、対象に同調、同化することでコミュニケーションを円滑にしようとします。そして、自己があちこちに同調、同化する言語文化なのですから、そこではそのように対象にシンクロナイズする能力が高ければ高いほど価値があると見なされることになります。他者に同調し、「人の身になって」「人の気持ちをよく察して」「相手を思いやって」行動する能力が美徳となり、過去に同化し、まるで今もそこにいるかのような錯覚を与える言語表現が美しいと感じられます。わたしたちは、そういう文化の中にいるのです。

一方、英語の自己とは絶対的な自己であり、ゼロから規定され、しっかりと現在に固定されています。まず自己が一つの場所に固定され、そこから遠心的に世界を把握していく言語文化なのですから、英語の世界においては、その自己が唯一独特のものとして他との差異を明確にし、揺るぎなく、がっちりと固定されている、その強度が高ければ高いほど価値があることになります。はっきりとしたアイデンティティを持ち、なおかつそれがオリジナルで、他との差異が際立っていることが美徳となります。英語話者はそのような文化の中にいるのです。

日本語話者は他者との接触において、自己を主張するのではなく、自らを相手に同調しようとする方向でのコミュニケーションを志向します。英語話者とのコミュニケーションにおいて、日本語話者が自己主張できないとよく言われるのは、単に英語が下手だとか、自分に自信がないからとかいったような問題ではなく、むしろ、相手の出方をうかがい、相手の考えを察して、それに同調していこうとするコミュニケーションのスタイルがわたしたちに染み込んでいるからであり、また、あえて自分の方から強く主張せずとも、相手が察してくれるだろうという相互依存的な関係に慣れているからです。最初から自己を主張していくのではなく、こちらの主張に対する相手の反応を予測するために、まず相手が何者であるのかを感じ取り、それに同調していこうとするのが日本語話者のやり方です。そしてそれは、日本語の構造とも密接に関連しています。

一方、英語話者は、自身の在り方を主張し、自らの立場を明らかにすることで相手と対峙しようとします。一人一人お互い同士が自立したオリジナルな個人であることに対して敬意を表明することに人間関係の基礎が置かれます。まず互いが自己を主張しそれを認め合うことから関係をスタートさせようとするのが彼らのやり方であり、それが英語という言語の構造にもしっかり表現されています。

日本語話者は、相手に合わせようとします。あるいは、相手に合わせさせようとします。しかし、そもそも合わせる必要を感じないのが英語話者です。英語と日本語は、見事なまでに何もかもが逆さまです。いくら流暢《りゅうちょう》な英語の使い手であっても、わたしたちが英語で自己表現しようとするとき、わたしたちの日本的自我は、その時点ですでにその本質的な何かを失っています。よく言われるように、英語話者との会話においては、日本的な曖昧さはしばしば許容されません。それは、英語話者が許容しないのではなく、英語それ自体が、日本的なアイデンティティの曖昧さを拒絶しているのです。

英語を習得しようとするとき、わたしたちは日本語と英語の間にあるそうした高い壁と向き合い、それをどうにかして乗り越えようとしています。言語とは文化そのものであり、異文化理解の格好の教材は、何よりも言語そのものの中にあります。日本語と英語は、決して置き換えることができません。英語を読み、書き、聞き、話すということは、わたしたちにとっては全く未知の世界を体験することに他なりません。

第二言語を学ぶことのいちばんの意義は、その習得を通じて自らの母語が対象化されることにあると私は考えています。日本語によって構築された世界の中で、日本語の発想の範囲内で生きているわたしたちにとって、英語が体現する英語話者の生きる世界はきわめて異質なものですが、それは同時に、逆から見ればいかにわたしたち自身が異質で独特であるかという認識を可能にしてくれるものでもあります。それはわたしたちの視野が一気に拡大される体験であり、自分の立ち位置をより正確なパースペクティヴで見つめ直す視点を獲得することでもあります。

日本語話者と英語話者が、その世界観の違いを超えて真に互いを理解し合うのは、実は想像以上に難しいことではないかと思います。しかし、真の相互理解が可能だとするならば、それはお互いの違いを認識することからしか始まらないはずです。

わたしたちにとって英語は難しいとまずは知ること。そして、だからあきらめるのではなく、だからこそわたしたちにとっては非常に興味深い教材であり、かつ有用なツールにもなり得ると考えること。一つ一つの単語や語法の理解さえもが、少しずつわたしたちのものの見方や考え方を広げ、わたしたち自身に対する認識をも深めていくということ。そうした発見の連続が語学の楽しみの本質であると思います。

英語という言語がわたしたち日本語話者にとっていかに奇妙なものであるか、その不思議な世界像が本書を通じて読者諸氏に少しでも伝わり、そしてそれゆえに興味を持って、習得への意欲をさらに高めていただければ何よりの幸いです。

二〇一四年十二月

松井力也

本書は一九九九年に刊行された講談社現代新書『「英文法」を疑う——ゼロから考える単語のしくみ』を底本とし、加筆のうえ改題したものです。

松井力也（まつい　りきや）

1967年三重県生まれ。早稲田大学第一文学部卒。大学在学中は「rockin' on」などの雑誌で音楽評論、レコードレビューを執筆。卒業後、高校の英語教員に。三重県生活部国際室出向などを経て、現在は津西高校教諭。

講談社学術文庫

定価はカバーに表示してあります。

日本人《にほんじん》のための英語学習法《えいごがくしゅうほう》

松井力也《まついりきや》

2015年3月10日　第1刷発行

発行者　鈴木　哲

発行所　株式会社講談社

東京都文京区音羽2-12-21 〒112-8001

電話　編集部（03）5395-3512

販売部（03）5395-5817

業務部（03）5395-3615

装　幀　蟹江征治

印　刷　豊国印刷株式会社

製　本　株式会社国宝社

本文データ制作　講談社デジタル製作部

ISBN978-4-06-292287-6

「講談社学術文庫」の刊行に当たって

これは、学術をポケットに入れることをモットーとして生まれた文庫である。学術は少年の心を養い、成年の心を満たす。その学術がポケットにはいる形で、万人のものになることは、生涯教育をうたう現代の理想である。

こうした考え方は、学術を巨大な城のように見る世間の常識に反するかもしれない。また、一部の人たちからは、学術の権威をおとすものと非難されるかもしれない。しかし、それはいずれも学術の新しい在り方を解しないものといわざるをえない。

学術は、まず魔術への挑戦から始まった。やがて、いわゆる常識をつぎつぎに改めていった。学術の権威は、幾百年、幾千年にわたる、苦しい戦いの成果である。こうしてきずきあげられた城が、一見して近づきがたいものにうつるのは、そのためである。しかし、学術の権威を、その形の上だけで判断してはならない。その生成のあとをかえりみれば、その根は常に人々の生活の中にあった。学術が大きな力たりうるのはそのためであって、生活をはなれた学術は、どこにもない。

開かれた社会といわれる現代にとって、これはまったく自明である。生活と学術との間に、もし距離があるとすれば、何をおいてもこれを埋めねばならない。もしこの距離が形の上の迷信からきているとすれば、その迷信をうち破らねばならぬ。

学術文庫は、内外の迷信を打破し、学術のために新しい天地をひらく意図をもって生まれた。文庫という小さい形と、学術という壮大な城とが、完全に両立するためには、なおいくらかの時を必要とするであろう。しかし、学術をポケットにした社会が、人間の生活にとってより豊かな社会であることは、たしかである。そうした社会の実現のために、文庫の世界に新しいジャンルを加えることができれば幸いである。

一九七六年六月

野間省一

外国の古典

論語新釈
宇野哲人《うのてつと》著（序文・宇野精一）
「宇宙第一の書」といわれる『論語』は、人生の知恵を滋味深く語ったイデオロギーに左右されない不滅の古典として、今なお光芒を放つ。本書は、中国哲学の権威が詳述した、近代注釈の先駆書である。
451

西国立志編《さいごくりっしへん》
サミュエル・スマイルズ著／中村正直訳（解説・渡部昇一）
原著『自助論』は、世界十数ヵ国語に訳されたベストセラーの書。「天は自ら助くる者を助く」という精神を思想的根幹とした、三百余人の成功立志談。福沢諭吉の『学問のすゝめ』と並ぶ明治の二大啓蒙書の一つ。
527

大学
宇野哲人全訳注（解説・宇野精一）
修己治人、すなわち自己を修練してはじめてよく人を治め得る、とする儒教の政治目的を最もよく組織的に論述した経典。修身・斉家・治国・平天下は真の学問の修得を志す者の熟読玩味すべき哲理である。
594

中庸《ちゅうよう》
宇野哲人全訳注（解説・宇野精一）
人間の本性は天が授けたもので、それを〝誠〟で表し、「誠とは天の道なり、これを誠にするのは人の道なり」という倫理道徳の主眼を、首尾一貫、渾然たる哲学体系にまで高め得た、儒教第一の経典の注釈書。
595

菜根譚《さいこんたん》
洪自誠《こうじせい》著／中村璋八・石川力山訳注
儒仏道の三教を修めた洪自誠の人生指南の書。菜根とは粗末な食事のこと。そういう逆境に耐えてこそこの世を生きぬく真の意味がある。人生の円熟した境地、老獪極まりない処世の極意などを縦横に説く。
742

ガリア戦記
カエサル著／國原吉之助訳
ローマ軍を率いるカエサルが、前五八年以降、七年にわたりガリア征服を試みた戦闘の記録。当時のガリアとゲルマニアの事情を知る上に必読の歴史的記録として有名。カエサルの手になるローマ軍のガリア遠征記。
1127

外国の古典

内乱記
カエサル著／國原吉之助訳

英雄カエサルによるローマ統一の戦いの記録。前四九年、ルビコン川を渡ったカエサルは地中海を股にかけ政敵ポンペイユスと戦う。あらゆる困難を克服し勝利するまでを迫真の名文で綴る。ガリア戦記と並ぶ名著。

1234

プラトン対話篇ラケス 勇気について
プラトン著／三嶋輝夫訳

プラトン初期対話篇の代表的作品、新訳成る。「勇気とは何か」「言と行の関係はどうあるべきか」を主題に展開される問答。ソクラテスの徳の定義探求の好例とされ、構成美にもすぐれたプラトン初学者必読の書。

1276

孫子
浅野裕一著

人間界の洞察の書『孫子』を最古史料で精読。春秋時代末期に書かれ、兵法の書、人間への鋭い洞察の書として名高い『孫子』を新発見の前漢末の竹簡文をもとに解読。組織の統率法や人間心理の綾など詳細に説く。

1283

ソクラテスの弁明・クリトン
プラトン著／三嶋輝夫・田中享英訳

プラトンの初期秀作二篇、待望の新訳登場。死を恐れず正義を貫いたソクラテスの法廷、獄中での最後の言説。近年の研究動向にもふれた充実した解説を付し、参考にクセノフォン『ソクラテスの弁明』訳を併載。

1316

墨子
浅野裕一著

博愛・非戦を唱え勢力を誇った墨子を読む。中国春秋末、墨子が創始した墨家は、戦国末まで儒家と思想界を二分する。兼愛説を掲げ独自の武装集団も抱えたが秦漢期に絶学、二千年後に脚光を浴びた思想の全容。

1319

玄奘三蔵《げんじょうさんぞう》 西域・インド紀行
慧立《えりゅう》・彦悰《げんそう》著／長澤和俊訳

天竺の仏法を求めた名僧玄奘の不屈の生涯。七世紀、大唐の時代に中央アジアの砂漠や天に至る山巓を越えて聖地インドを目ざした求法の旅。更に経典翻訳の大事業に生涯をかけた玄奘三蔵の最も信頼すべき伝記。

1334